日本史籍協會編

中山忠能履歴資料 一

東京大學出版會發行

例言

一本書は往年宮内省に於て中山忠能の事績調査を試みたる際に編纂せられたるものにして當時京都中山家文庫に藏せし維新前後數十年間に於ける日記書翰を初めとして達書、建白書、風聞書等凡ゆる種類の文書を略ほ年代別に輯錄せるものなり。

一本書の内容を檢するに第一卷より第八卷には嘉永五年より文久元年頃に至る文書を收め以下文久二年の分八卷、文久三年三卷、元治元年六卷、慶應元年三卷、慶應二年七卷、慶應三年三卷、明治元年四卷、第四十四卷以後

第五十卷に至る七卷中には忠能の弘化二年及安政六年の日記の一部其他文久三年及元治元年の日記を收め、第五十一卷より第五十五卷迄を「附存」とし多く年月日の明ならさる文書を收錄せり、尙別に資料目錄一卷、履歴略一卷を附せり。

一上掲の忠能日記は曩に本會に於て刊行せし「中山忠能日記」と全く重復せるものなれは玆に之れを省略せり。

一忠能廟堂顯要の地位に在りて夙に皇權恢復の志厚く殊に元治・慶應の交、岩倉具視、正親町三條實愛等と謀り復古の大業に劃策盡瘁する所あり、其間密に是等同志と往復せし書翰の如き貴重なる文書鮮なからす、是れ本書か一般他の類書と自ら撰を異にする所以なり、尙本書所收の文書と同卿の日記とを對照せは蓋し研究上啓發する所鮮少ならすと信す。

一本書刊行に方り總へて原本の體裁に從ひたるも校者に依りて多少按排せる所なきに非す讀者の諒恕を請ふ所以なり。

一終りに際し宮內省圖書寮に於て特に本會の爲めに本書の刊行を許可せられたる厚意を深謝す。

昭和七年九月

日本史籍協會

故中山忠能履歷取調之儀に付上申寫

曩に私共へ故從一位中山忠能履歷取調を被命依て先兩人中山邸に就き書類を捜索するも維新前後の書類は悉く支離滅裂して其端緒を得ること能はす茲に於て有勳京都に私行し同地中山邸之文庫に就き尚又書類を探究するに書類寸斷するもの夥多貯藏せるも肝要を得す反古中より漸く僅少の書狀及ひ日記其他の簿冊を發顯せり因て之を東京本邸に回送し追々査閱し該書狀は其署名に就き諸家へ照會するも確たる事實を得ること能はす兼て史談會に加入し其會員諸士に計るも是亦十分の實績を看る所なし側に聞く明治廿一年中忠能疾ひ篤し易簀の前德大寺侍從長をして維新前後の事迹を問はしめらる忠能曰く事迹の如何は敢て一言を要せす唯明治の文化漸進に徵して明かなり當時臣か耳目に最接するものは或は　御內慮に屬するもの而已弊家の興廢存亡は敢て論せさるも　臨機の宸斷を以

て　聖徳を汚し奉んの恐れなきこと能はす是を以て草稿案文の如きは寸斷滅裂して之を火中に投し一も存するものなし希くは此旨執奏ありたしと是に由て之を觀れは今日其履歴を得ること實に難しとす是故に其得る所の書狀及ひ簿冊類を謄寫し其文面に就き略ほ其年限を考究し（書狀簿冊は月日を記し年限を記せるもの多し）安政年間より明治年間に至る迄編年體を以て之を五十六卷となし中山忠能履歴資料と稱す別に履歴略一卷を附し將來履歴編纂の參照に供せんとす被命の任務を盡すこと能はす汗顏の至に勝へす伏乞洞察あらんことを誠恐誠惶頓首

明治二十九年十二月

掌典子爵　竹屋光昭

掌典　小西有勳

宮內大臣伯爵土方久元殿

中山忠能履歴略

家祖中山入道前大臣忠親二十六代孫
正二位權大納言忠頼次男
母前參議實同女

忠能

文化六己巳年　一歳
十一月十一日　誕生
同　七年　二歳
正月十日　叙從五位下
同　九年　四歳
正月廿日　叙從五位上中一年位次上﨟超越廿一人

同　十年　五　歳
二月七日　任侍従
文化十一年　六　歳
正月廿七日　叙正五位下中一年位次上﨟超越九人
同　日　兼阿波權介
同十三年　八　歳
三月七日　元服聽昇殿　加冠春宮權大夫家厚着座野宮中納言定業新三位中將經尙理髮右中將定成朝臣所役諸大夫四位五位各一人
同　日　拜賀　昇殿之事小舍人告來殿上着座付簡居湯漬對揚六位藏人右馬助藤原助功申次同人殿下申次永言家司但馬守藤原嗣善
同月十九日　叙從四位下中一年位次上﨟超越十三人
同十五年（文政元）　十　歳
正月五日　叙從四位上中一年位次上﨟超越五人

同月廿八日　秩滿

文政三年　十二歳

正月四日　叙正四位下中一年

同　四年　十三歳

五月十日　任左權少將

同月廿八日　拜賀　着殿上付簡供諸大夫一人侍一人

文政五年　十四歳

四月三日　兼伊豫權介兼宗例

同　六年　十五歳

正月五日　加近臣

同　七年　十六歳

六月十九日　轉右權中將權介如元

同　日　兼皇太后宮權亮推任

七月廿一日　拜賀　宮司兼任慶混合高遣戸昇降供諸大夫二人給祿侍一人

同　八年　十七歳

五月廿一日　服解喪父

七月十二日　除服出仕復任

同　九年　十八歳

三月　日　拭眉　放生會

同　十年　十九歳

三月十九日　石清水臨時祭使

十一月十六日　除服出仕弟喪

同十一年　二十歳

六月廿六日　除服出仕外祖母喪

同十二年　二十一歳

二月廿三日　歌道爲忠良門弟

同十三年（天保元）　二十二歲

二月二日　秩滿

四月廿二日　賀茂祭近衞使

天保二年　二十三歲

十二月十九日　爲內敎坊別當

同　三年　二十四歲

七夕加和歌御人數

同　五年　二十六歲

六月廿八日　爲右近府年預右大將輔熈判授

七月八日　補藏人頭去別當　皇太后宮權亮如元榮親例

八月三日　除服出仕姑喪

同月四日　聽禁色

同月五日　拜賀從事
去七月十六日拜賀伺定之處輕服稱所勞延引今日雖輕服中拜賀從事
吉書殿下依所勞無出座以家司內覽
主上出御朝餉直奏之用文杖近代於家再興
同月七日　申行宿侍後朝之儀
對揚右中將重德朝臣藏人左少辨俊克典藥助丹波賴永兵庫權助小槻輔世
同月廿八日　叙正四位上中十三年
十月廿二日　更爲右近府年預大將轉任家厚判授
同月廿八日　着本陣右大將家厚拜賀着陣日
同　六年　二十七歲
八月五日　爲神宮奉行
同　七年　二十八歲

九月廿五日　辭神宮奉行　無服殤三歳女
十月四日　爲神宮奉行
同十一年　三十二歳
二月　辭神宮奉行
同　日　無服殤三歳女
三月廿七日　任參議中將權亮等如元　上首超越六十四人
四月十五日　拜賀着陣
扈從侍從忠愛朝臣前駈諸大夫五位六位各一人着宜陽殿陣座殿上等
同月十六日　聽直衣
前駈諸大夫五位一人自陽明門參入經便路入月華無名等門昇殿上
同　日　直衣始
同十二年　三十三歳
閏正月廿二日　去權亮依院號也

同　日　補新清和院別當

二月四日　叙從三位中六年　愛親忠頼例

同十四年　三十五歳

正月十四日　叙正三位中一年　同兩卿例　于時現任參議最末也

同十五年弘化元　三十六歳

十二月廿二日　任權中納言　以榮親以來家例一昨冬申望當時現任參議最末也超越有基延有言行弘爲全定祥正房等七卿

同月廿八日　拜賀着陣　扈從殿上申次左少將忠愛朝臣前駈諸大夫五位二人六位一人殿上告召

同月三十日　聽直衣

同　日　直衣始　前駈諸大夫五位一人參內之路同參議之時

弘化二年　三十七歳

二月十八日　叙從二位中一年　親雅忠尹例

同月廿五日　勅授帯劔
同月廿七日　着陣　階後吉書奏下直辨等藏人右少辨顯彰　於帯劔後者
不拜賀及着陣治承三三十三御託之旨也
十二月十七日　免襪
弘化三年　三十八歳
七月廿三日　爲凶事傳奏
新清和院去月二十日崩今日奉葬泉山到百ヶ日行事
弘化四年　三十九歳
三月十四日　兼皇太后宮權大夫　准后祺子立太后兼任後着陣見治承四
二三御記但近代无此事
同　日　拜賀　禁中大宮等也
十月十三日　止權大夫　依新朔平門院院號也
十一月十二日　爲凶事傳奏　前新朔平門院去十月十三日崩實十日今日

奉葬泉山到百ヶ日行事

十二月廿七日　任權大納言　以親通兼親榮親愛親忠尹忠頼等例今日初

競望今後又現任中納言最末也超越中納言九卿

同五年 嘉永元　四十歳

正月三日　拜賀着陣　扈從少將定功朝臣雅典朝臣推參少將忠愛朝臣等

三人

同月四日　直衣始　申次忠愛朝臣沓車簾等同上前駈諸大夫四位一人五

位四人六位一人合六人今日不經殿上參內內方

着陣大辨代頭左中辨俊克朝臣吉書奏下同上直辨左少辨光愛一條家申

次胤房朝臣主人出座有面會引出物馬一匹直衣不申請其路同中納言時

同月廿七日　叙正二位　中二年 文化例

同月廿九日　着陣　階後奏下直辨等藏人左少辨光愛

三月七日　除服出仕 喪姉

三月廿八日　着陣　服後奏下直辨等藏人頭權中辨資宗朝臣
十一月廿一日　爲大嘗會傳奏
二月七日奉之
嘉永二年　四十一歲
正月一日　節會陣以後續內辨練步物召以下用家說天明五年正月再興以後忠尹忠頼受一條家命仍昨年正月十四日受同家命今日用之
同　三年　四十二歲
二月九日　爲神宮上卿
同　五年　四十四歲
八月廿四日　免神宮上卿　依典侍慶子皇子懷姙可混產穢也
同（安政元）七年　四十六歲
正月一日　節會陣以後續內辨如嘉永二年用家說
二月廿五日　賜御冠懸　大嘗會傳奏勤仕賞

十一月廿七日　爲改元傳奏

安政二年　四十七歲

五月廿三日　無服殤二歲孫

同　四年　四十九歲

正月廿九日　爲加茂傳奏

五月廿四日　辭加茂傳奏　依御德日昨日分

同　日　無服殤二歲孫

同月廿五日　爲加茂傳奏

同　五年　五十歲

正月廿六日　米國使節之儀に付在官參議以上の所存尋問により封事を上る

墨夷申立不容易之條々關東言上に付御沙汰之趣謹奉候右一件自始之次第憾に不承及事に候得者猥に言上別而恐入候得共於此儀者兼々深

憂懼仕居候間不顧恐言上候元來去嘉永年中渡來呈書條約後於關東追々和親取結所望に隨順し既に使節登城對面も相濟候上彼是增長種々難題之條目等申募候段　皇國を致輕蔑候義誠以　神州之恥辱國家之安危此時と存候今度條目之內所々に開港夷の官吏を置き國中を隨意に往返し且彼の敎法所を建立之儀なと殊更難許儀に候此上者偏に一州之人意一齊和同し蠻夷之姦謀を綏服致させ候儀第一と存候間早く武邊三家始諸大名更に格別懇切之示談有之上下萬人納得し心を一にして國體を不損失樣速に改正之所置可有之由急度御沙汰可被爲候樣聖斷所仰候唯今之內早く改正無之苟且因循候はゝ

朝廷之御危難は勿論於將軍家も禍害不遠と深歎入存候去嘉永年々の條約すら十分之宥許にて當然の儀にも無之歟況增長之今に至り國內の人意不一致儀は必す內外禍亂に可相成候方今之事勢人心不居合之趣實情を以一端夷族は說諭謝絕候儀簡要と存候其謝絕を不聞して彼

より兵端を開候はゝ是非之論に不及遽に打拂ひ人心一致し防禦の一事に歸し各誠心を以て其術を盡候方却て萬代安全之策と存候唯々正路を以て人事を被極盡候上は實に　天命之令然る所にして其時こそ神國之儀天助冥感も必可有之候尤爭鬪は不容易儀勿論に候得共面前之理世安民を專とし國家之深謀遠慮を捨置き此上諸夷追々來集し猛威を張り種々難題中立候ては堂々たる神國終犬羊と伍をなし國勢長く挽回之期無之候間何卒早被決定衆思を集め群慮を同し蠻夷を退け防禦を嚴にし永く夷狄之深害を除去り神州之御瑕瑾に不相成樣厚可被廻　叡慮相願上候事

五月十日　加議奏列

九月九日　辭賀茂傳奏

同　日　服解喪母混穢十月十三日中

十月十四日　除服出仕復任　別勅　五旬未滿恐縮但繁務之時節從仰也

十月廿二日　着陣　服後重朝中奏下直辨等藏人中辨豐房　重服中着陣

近代稀寬保元年十二月十日御記云辛丑陰晴不定巳刻參內着伏座移着

外座之後藏人左少辨豐尙下吉書云々除服復任之後今日所參陣也可謂

懈怠之甚抑近來之習於重服者雖除服一朞之間不着陣予潛案職事官已

蒙除服從事宣旨而不着陣後緩怠之至可恐先例皆蒙此宣下擇日參陣可

出仕也况於復任乎專可着陣也花山院左大臣大治五年正月十五日着陣

去年正月廿七日喪母花山院太政大臣保元二年十一月廿八日除服復任

今日着陣今年二月十七日喪母此外其例不可勝計以此趣昨日申關白右

相府云々又中右記大治五年十月廿九日新中納言宗輔被着陣雖重服人

先例皆着陣也但不申慶云々以右等之例申關白尙忠所着陣也

萬延二年（文久元）　五十三歲

四月十九日　爲親子內親王勅別當

十月廿日　下向關東　和宮御下向供奉御世話幷御用掛也十一月十五日

江戸到着
十二月廿六日　上洛
文久二年　五十四歳
正月五日　辭議奏　繁務之時節昨秋已來痔疾不快之故也
同月十四日　不許
同月十六日　節會陣以後續內辨如嘉永二年安政元年用家說今日有出御
五月十一日　免宿
八月廿一日　差控　內大臣建通以下有御咎議奏相役中有關係之恐依辭
議奏伺進退所辭議奏不許差控被仰出表云
愚昧忠能議奏御役勤仕之儀兼て令恐懼候處此度有文朝臣等御咎一條に付以別紙進退相伺候在役中右等不調法心得違之段殊以恐入候間御役辭退相願上候何卒以御憐愍被聞食候得者深畏入存候此段宜願入存候也
八月廿一日　忠能

一位殿

坊城大納言殿

又有表云　今度有文朝臣已下御咎被惱　叡慮候段誠恐入候事に候右敬直朝臣儀は不存申候得共外之人々取扱振於忠能も見聞且被談候儀も有之候處其節不心付打過候儀五十歩百歩之論にて關係不可逃不束之至深以恐入無申條候依之進退相伺候宜預御沙汰候事

忠能

閏八月三日　免差控

同　四日　奉辭表

近々　勅使歸京幷島津三郎上京之處御無人に付差控被免候由謹畏入候然る上者早速可令出勤候處早春にも相願候通昨秋痔疾不快之上春來肩手痛苦仕歲且又世上之形勢闇愚之微質可妨要路御時節に無之候間旁議奏御役被免候樣願入候此旨御沙汰願入候也

壬八月四日　忠能

一位殿

坊城大納言殿

九月十四日　轉役武家傳奏被仰出固辭申上表云

武家傳奏轉役之事被仰出謹奉候然る處昨秋不量痔疾之重症相發漸出仕東行中にも臨期不參等隨意に進退恐入候至今年同樣折々不動重々恐入存候此頃又々增長加之春來肩手痛苦頗難澁仕種々加療養候得共同斷不得減困居候此體にては所詮日勤且遠方旅行等之御用も難勤候甚恐入候得共無據御免之儀奉希上候此段宜御沙汰賴入存候也

九月十日　忠能

又有表云

轉役之儀御沙汰之旨拜奉仕候別紙言上候通所勞之仕合恐入候得共堅固に御理申上度存其上少々所存も有之旁以御免希上候事に候右子細

者武傳御受之上は於所司代對柳營血誓之流例之旨候處先年以來彼蠻夷一件於　叡慮は必定拒絶攘夷に御決着被爲在乍恐於忠能も御同樣戊午之年兩三度建白仕候已來到唯今心底聊以無違變候處於柳營者右思召眞實遵奉否今程其深意難測候右夷狄一條者卽公武御一和御不和之根源に候得者此上萬一關東遵奉無之節者自然御不和相生候事者當前之事に候右樣之節血誓等仕置候而は兼々之存念難貫尤十分掛合等も難致儀相成候是等之儀懸念仕候上者堅固に辭申候外無之候間此段殿下ゟ內々言上仕可然樣御執成給何分速に御免相成候樣偏に奉願候事

九月　　　　　　　　　　　　　　　　　　　　忠能

九月廿日　聞食

同廿一日　辭議奏不許

同　日　爲國事御用掛

十月十七日　爲山陵御修理御用掛

文久三年　五十五歳

正月廿五日　辭議奏所勞

同　廿七日　辭役聞食加小番恩免列

二月十四日　辭權大納言

八月十八日　有召出仕　議奏再役被　仰付固辭申去正月十八日以後所
勞且有存旨籠居今日京師騷亂所出仕也

同　廿七日　止出仕　就去十八日一擧有御不審之儀御調中被止出仕并
他人面會

元治元年　五十六歳

二月廿五日　殿下へ持參差出二紙去廿四日宸筆寫參內拜見了
去月廿七日大樹等ぃ以御一紙被　仰下候に付今月十四日奉　勅答尙
又　御再問且被　仰出等御書付類被見下畏入候右に付非其職猥建白

仕候儀者實越樽多罪之至候得共攘夷之儀に付ては兼々累年之憂苦度
々建言仕候通誠以不堪閉居恐入候得共又々言上仕候已往之儀者差置
此上之儀一二ケ言上候
一横濱鎖港精々可成功幷攝海要港防禦之備爲急務神遠に可顯功且諸國
兵備充實之事不經數年可有征夷之實行將又自今は征討の備を精鋭し
武臣の職掌を可盡旨被　仰出候得共右期限はいつ頃迄之御事に候哉
方今其際限急度不被
仰出候ては必定天下人心之鋭氣緩怠し彌以一日偸安之弊習に可推移
候事
但一昨年薩州見込は先六七年富國强兵にて拒絕可然由承候歟と存
候併其後之形勢每事切迫候間於今者一兩年を不可過儀と存候元來
關東攘夷一條自元御請に者候得共堀田間部上京之頃は期限を不申
上其後已來庚申年間段々御掛合にて漸十ケ年之内に者必定拒絕之

由以書取急度言上有之候儀に候此度無期限相成候而者如何可被爲在哉

一右際限御布告之上者諸國迄に炮臺を築大炮を鑄軍艦大船を造候抔之員數其餘防禦軍備之子細等各國出精之次第列藩より凡五十日に一度宛可及注進由早々被　仰付尤御書爲致獻上扱其實行神速之向々へは早被加重賞若怠惰遲引之輩へは急度幕府ゟ被　仰出格別改制之實行速相顯候樣嚴重に　御沙汰被爲在度候事

但戊午以來數度被　仰出候實行不顯追年增長既に窮迫に及有之候事

右等者勿論御評議之事と存候得共苦心候餘言上仕候事

忠能

長州御所置之儀昨秋後之處覺悟不仕候得共追々之事情傳聞仕候處何卒寬仁大度之御所置御肝要と存上候尤彼家來等之中には過激暴烈之

輩も可有之候得共必竟宰相父子拋身命　勅諚遵奉速に攘夷之成功を遂度と只管に存込商量仕候に付而は家來末々迄も一致仕每事捨身之形狀より自然暴激に至り候義に而元私欲私意も出候譯には無之と存候且天下之人心彼に同意之徒何方に有之候も難計義に候へは萬一海內之人心此上錯亂存外之變動相起候節は先年來度々言上之通實に夷謀に的中し　神州之危難無此上と深恐歎仕候　勅諚遵奉の爲に捨國拋命決心仕候段は誠以可賞可憐事に候間右實情御愛憐之譯を以て何卒御寬宥之御沙汰に相成候は丶萬人戀　闕之心意不可離散と存候何卒　皇國中一致一和に而攘夷之成功專要に候間衆心不瓦解樣之御所置甚以御大事と存上候

一季知實美已下脫走人之越樽違法之義共可有之候へとも是又攘夷之勅諚速に御成功相成候樣と一途に存込其身を忘前後を不顧盡力仕候より過激之義共有之候事と存候併私を顧候徒は決而彼樣の所行は不

仕物にゐ實は心中可憐事と存候脱走之罪一應被止官階候上は何卒是
又御寛大之御所置被爲在度候事
右兩條萬一最負相救候筋に相當候哉恐入候得共一切其心底無之唯々國
家安危之御大事存候間愚按之儘言上仕候事
忠能上

慶應三年　五十九歳
正月廿五日出仕
四月十九日　議奏再役被仰付固辭申
九月廿七日　聽本座
十二月九日　爲議定
同四年（爲明治元）　六十歳
二月三日　爲輔弼
二月十七日　密上注進狀

外國交際之一件近年追々天地間一統之儀に相成
皇國而已御拒絶難立殊　先朝三港被　免許候上者今更無異儀事に候
但是迄德川右交際之道を失候より人意不折合開鎖之説紛々として非
命に死候徒數へかたく列藩も甚疲弊之終騷亂相成候義にて誠不容易
事共に候に付今暫之處外國交際之義は先日連名建白候越前已下事情
を心得候列藩之内御人撰にて總て其人へ御委任に相成一先天下之形
勢其所置振を御勘考有之候方　朝廷御爲方と存候方今自　朝廷御爲
方と存候方今自　朝廷御直掛合にて萬一御不都合有之候時は最早於
皇國中可被取戻術無之候間深御考慮奉希候其上　皇國士民攘鎖之議
論はいか體に被禁止候とも火急に一切斷絶は不可致哉と被存候既に
今度土州容堂幷重臣等は專和親を奉勸居候間同家來於堺表夷人を傷
害に及候一事にても人心不一致義は分明に候況近く備藩罪科覆轍目
前に有之候も不顧程之事に候間外國之義　朝廷より御直掛合等にて

は實に以內外いか樣成御患難を可生も難計誠以戰慄仕候事に候たとへは橫濱は某藩長崎は某と年限を被立追々可被　仰付候哉外國之公法は天下一同之義理を盡し可然事に可有之候但　皇國之人心君臣之差別士民之義氣已下彼倭魂は顯然と固有致居候間何卒萬事右國體之處を御深考にて御議論之上御評決有之度候將又　皇國衣服已下制度は方今不便利之義も多端に候得共品により階級貴賤之差異も有之候義故只簡易而已に押移り規則を亂候ては際限も有之間敷候に付是亦御厚慮有之度尤兵革相治り候はゝ總體急度被撰定度存候右等尤不足御採用候へとも愚按難默止令內々注進置候事

二月十七日　忠能

同三月廿一日　大坂行幸供奉

閏四月八日還幸

閏四月廿日　免輔弼御前日參被仰付

同　月廿一日　爲議定
同　月廿六日　叙從一位
八月四日　准大臣　依騷亂中無拜賀等之儀以後如此十四日着異紋位袍
　輪違弁小直衣
九月八日　武州　行幸供奉
明治二年　　　　　　　　　　　　　　　　　　六十一歳
三月七日　伊勢幷東京行幸供奉
五月十五日　免議定爲神祇官知事
七月八日　任神祇伯　在官中幷到明治五年秋御代拜御手代等度々勤仕
同月十三日　無服殤孫
同月二十日　辭伯
同月廿一日　不許
九月廿六日　於御前被賞勳勞　中山從一位忠能皇道委靡滿朝危疑の日

に當り斷然回復の策を賛し意に中興の大業を輔け候段　叡感不斜仍
賞其勳勞祿千五百石下賜候事
　己巳九月　　　　　　　　　太　政　官
　　　　　　　　　　　　從一位　藤原朝臣忠能
　高千五百石依勳勞永世下賜候事
　明治二年己巳九月
十月三日　兼宣敎長官
明治三年　　　　　　　　　　　　六十二歳
十二月十日　改賜家祿
　　　　　　　　　　　　從一位　藤原朝臣忠能
　現米貳百八拾石六斗
　右爲家祿永世下賜候事
同　日　東京府貫屬被仰付

同月廿六日　辭兩官

同月廿八日　不許

同　四年　六十三歳

四月七日　依伺謹愼　昨年健勳神號　宣下神祇大史間宮源永好有不束之儀依長官伺進退也

同月十日　免謹愼

六月廿五日　免伯長官

同　日　終身賜米五百石

従一位　中山忠能

追々老年苦勞に被　思召本官を免し特旨を以て終身現米五百石下賜候事

辛未六月　太政官

同　日　加麝香間祇候列

十一月十七日　大嘗會御用掛去六月廿五日被仰下

十二月八日　賜金千圓　大嘗會御用勤仕且御代拜御手代每度勤仕賞金千圓下賜

同　五年　六十四歳

二月廿四日　賜邸宅

從一位　中山忠能

思召を以て拜借の邸宅下賜候事

壬申二月廿四日　太政官

四月廿四日　願暇西京歸省

八月三十日　改賜邸宅

從一位　中山忠能

從二位　中山慶子

今般元邸宅敎部省御用に相成候に付爲代邸元博覽會事務を下賜候事

但受取方之儀は東京府に可申出事

壬申八月三十日　太政官

従一位中山忠能
従二位中山慶子

今般移邸被仰候付為引拂料目録之通下賜候事金貳千五百圓

壬申八月三十日　太政官

明治九年　六十八歳

一月廿日　老年御憐察厚き思召家事向一切宮内省より御世話被　仰付

馬車壹輛を賜

同月廿四日　老年に付參　内御玄關迄乘車被差許

八月廿八日　戊辰維新之際功勞有之且老年を被慰御金下賜

九月十日　特別思召を以明治十年より年々金貳千五百圓宛終身下賜但元毎年現米五百石下賜之處改革有之故也

十月十三日　私邸へ　臨幸

十二月六日　大和國幷京都ニ　行幸供奉　被仰付

明治十一年　七十歳

十二月五日　歌御會取調中當時文學御用掛被　仰付

同月二十六日　維新以前諸儀式取調被仰付

同十二年　七十一歳

五月三日　權典侍柳原愛子姙娠に付御用掛被仰付

七月七日　青山御產所へ出張同年十二月七日歸邸

八月三十一日　皇子御降誕以來御世話被仰付

十二月七日　嘉仁親王明宮從一位中山忠能ニ御預麴町區有樂町壹丁目

私邸へ　遷御逗留

同　日　明宮御用掛被仰付

同十三年　七十二歳

十一月二日　叙勳一等賜旭日大綬章　勅書下賜

同十五年　七十四歳

七月廿六日　別勅除服出仕（昨日男正四位忠愛卒）

同十六年　七十五歳

二月廿四日　褒書を賜ふ

去る十年逆徒征討軍團ヘ清酒寄贈候段奇特に候事

太政官

四月七日　同斷に付金三拾圓寄贈に付賞盃を賜ひ綿撒糸寄贈に付褒書を賜ふ

同月九日

明宮御養育中年々金貳千圓下賜候事

宮内省

十二月　光格天皇の御生父故自在王院一品典仁親王追尊の議を奉る（其事）

は奏議中に略ほ具はれり故に之を略す

愚昧短才の忠能上申尤憚ありと雖も謹て其所思を言上す抑宗廟祭祀の禮典を考量するに上下各差あり天子七廟を立て父天子にあらすして、子父子たれは其考廟を祭るに天子の禮を以てせらるゝ事は漢土のみに非す十陵四墓に幣を奉らるゝ事も此禮に外ならす玆に皇子にして天子の御父となり太上天皇の尊號を追贈せられし例を擧ん故皇太子草壁は　文武元正兩朝の御父に在し故一品舍人親王は淳仁天皇の御父なるを以て天平寶字年間追尊せられ故三品施基皇子は
光格天皇の御父なるを以て天皇の御宇追尊せられ二品入道守貞親王は　後堀河院の御父入道貞成親王は　後花園院の御父なるを以て各御子天皇の御宇尊號を上られ故三品誠仁親王は　後陽成院の御父なるを以て右天皇の御宇尊號を追諡せらるゝか如き皇子の御子を以て大統を承襲し玉ふことあらは其考廟を祭らるゝに各天子の禮を執ら

せらる其禮を執る先つ其名號を更正せらる其世に在せは推尊して太上天皇と爲し既に世に在すにあらされは太上の尊號を追諡せらる是を以て寛政年中　天皇至仁至孝禮を舊慣に執り御父一品親王に太上の尊號を上り玉はんとして　叡旨を幕府に傳へ其儀を整へしめんとなし玉ふ幕府詔を奉せす忠能曾祖愛親等を關東に招き難問數條の上愛親等罪を幕府に得たり是幕府の矯斷により天日の聖明を掩ふものなるか將愛親等か保全し得へき使命を保全し得さるものなるか天下の公論果して何にか在る乎而後愛親老て身枯朽するも其魂未た死するなく又死する能はさるなり　聖慮一たひ空妄に屬せしより年を閲る九十有餘　聖朝は是四世　今上天皇より故一品親王を顧及す眞に五世之を七廟に配享せは正に顯考廟に在り其禮を執る　天子を以てせさるへからされは其名號も亦追尊せらるへからさらん今　聖朝寛政　天皇の　叡旨を舍て顧みさせられさらは皇親の業に既に絕し何

れの時か復た其　叡旨を暢達し得ることあらんや忠能は生て愛親か曾孫となり其祖業を繼襲す熟々往事を追觀すれは愛親等不幸にして赫々たる　詔命を奉行するを得す天人之を譴るに不忠を以するも何そ敢て之に答ふるの辭あらん愛親は固より不忠者を以て安する者にあらす遺恨子孫に及ふ忠能之か後を承け恩を　天朝に辱ふするに當り手足愈以て措く所を知らす死して猶餘罪あり今や　聖上位に卽き玉ひ幕府大政を奉還萬機御親裁の日に至り上　淳仁　後鳥羽　土御門　順徳等の皇靈も皇京に奉迎せられ　弘文　淳仁　仲恭の諡號も上られ下宗良護良の二親王及鎌足道眞淸麿義貞正成武時顯家宗廣信長秀吉家康元就齊彬齊昭等の廟を官社に列せられ兩楠幷に故高山正之及ひ寛政　天皇の御生母故大江留子等に位爵を贈られ其他歴朝王事に勤勞したるもの丶魂を慰し靈を祭り或は賞賜せらる丶か如き幽顯共に　聖徳を歎美せり然して特り寛政の　叡慮將に舊幕府驕枉斷

決の間に朽腐せんとす豈啼泣號呼せさるへからさらん又之を禮典缺くる所あると云はさるを得す況や寛政幕府の議論は御在世中先例ありと雖も不協理由を以て强奏に及ひし儀にて薨後追尊を拒奏せしにはあらさるなり仰願くは故自在王院一品親王に太上の尊號を追贈せられ以て寛政文政嘉永三朝　聖主の已むを得させられさる　叡慮を紹述せられ追尊の　聖擧あらんことを　聖朝忠能か建議を採納せられんことあらは忠能か愛親の靈に對し不孝の罪を宥するを得へき一大幸事なるのみならす　朝家の御盛典と深く奉感佩候

右奉仰御執奏候誠恐謹言

明治十六年十二月　　　　從一位　中山忠能

太政大臣三條實美殿

朝廷議を納れ乃ち明治十七年三月十九日尊號を追贈し　慶光天皇と稱し奉る尋て同四月七日正二位藤原愛親に從一位を贈らる

明治十七年　七十六歳

七月七日

従一位勲一等　中山忠能

依勲功特授侯爵

同十八年　七十七歳

三月廿三日

従一位勲一等侯爵　中山忠能

明宮御降誕以來永々御養育苦勞被思召今般御歸參に付其邸内是迄御住居建物一式幷金千圓下賜

明治十八年三月二十三日　宮内省

従一位勲一等侯爵　中山忠能

明宮御用掛是迄之通被　仰付年々金貳千圓下賜候事

但一週間兩三度位伺候可致候尤宮御都合に寄參上は別段之事

明治十八年三月二十三日　　宮内省

同十九年　　七十八歳

十二月　皇子御降誕御用掛被　仰付

六月□　久宮御用掛専務被　仰付候事

但年々金貳千圓是迄之通下賜候事

従一位侯爵　中山忠能

同廿年　　七十九歳

五月十　日

御降誕御用掛被　仰付候事

明治廿年五月十一日　　宮内省

八月　日

昭宮御養育掛被　仰付候事

従一位侯爵　中山忠能

明治廿年八月　宮内省

同廿一年　八十歳

一月廿六日　廿五日宮内省より有召依所勞不參廿七日名代正五位有召

從一位老年を被慰目錄之通下賜

御紋付御盃　壹組　酒肴料金　貳拾五圓

五月十四日　大勳位菊花大綬章を賜る

勅書下賜

同月十七日　皇后宮私邸に行啓

白羽二重　御掻卷　金百圓　下賜

六月十二日　薨去

同月十三日　薨去に付左之通下賜

聖上より　金五千圓

皇太皇后宮より　金五百圓

明宮より　金七百圓
昭宮より　金五百圓
同月十四日　同上に付
皇后宮より　金千圓
同月十六日　同上に付
勅使富小路敬直私邸ヘ參向左之通下賜
鰹節　拾連
鷺綿　三拾把
紅白絹　三匹
同月十六日葬于豊島岡墓所

中山忠能履歴資料　第一

目次

卷四　自安政元年 至同五年

目次終り

中山忠能履歴資料　巻一

嘉永五年三月より九月迄
祐宮御降誕日記幷先例

嘉永五年

○三月上旬

一權典侍局去正月四日有月事十二日淸後無此事但執匙山本大和守姙召未決今月下旬來月上旬之中女醫博士加川若狹介可診察御內儀評定之旨自典侍殿局被示越右に付母公夫人等參局有內談之旨

廿日

自局老女今日加川若州拜診之處姙身四ヶ月一決申由被示越

一正親町家　當今御降誕書記可借由同申來卽二册借用廿一日傳局

廿一日

定功朝臣來談西隣鷲尾家空地借用之事廿四日理事

廿三日
向三條家實萬卿面談地面一件幷建家用途拜借金一件等附屬於此家圖一
枚局被示御座間以下ヶ所書一枚當家勝手方出入書一枚等
廿ゝ日
右有返答北裏町地面一條殿邊六ヶ敷由且拜借金可願旨有內示
廿八日
權典侍局被補後弘め也部屋親典侍殿に肴代二百疋本人へ二百疋送之役
所四人老女三人有招賜酒飯又賜各金五十疋云々當家へ赤飯一重生魚海鯛
老五來
廿九日
西村靜庵拜借金二百返上方引受證札到來
三十日
自典侍殿示に付權典侍御局　御懷姙に付來月御內着帶御座候十九日廿

二日廿三日廿四日廿七日等御内勘文明朔日御差出尤御近例之通御下り
日時御着帯時剋御吉方等御注進之儀御頼被成候事

封し文

三月三十日

中山殿御内

大口甲斐守

幸徳井陰陽助様

此事或招寄申付云々

○四月一日

幸徳井陰陽助来内勘文差出令家司謝之二通四折

御下り日時

今月十九日　己亥　時巳

同　廿三日　癸卯　時辰

同　廿七日　丁卯　時巳

四月一日　　陰陽助保源

御着帯日時

今月十九日……時午

同　廿三日……時巳

同　廿七日……時午

御吉方　酉と戌之間

四月一日　　陰…………源

右以老女屬典侍殿局依有他用差老女事

四日

參番中典侍殿以一封廿三日御治定請書可差出由被示又御世話卿東坊城可被仰出哉に付可有內談由被示之

一幸德井へ家司封文を以申遣明日可差出示之

五日

幸德井來勘文差出　二通

御下り日時

今月廿三日　癸卯　時辰

四月五日　陰陽助保源

御着帶日時

今月廿三日　癸卯　時巳

四月五日　陰陽助保源

右昨日返狀之便以直書附典侍殿

六日

向東坊家先條內話地面又拜借金之事談之

八日

聽長卿來談先條

九日

自典侍殿東坊御世話事殿下へ被申入處至極宜由御答之旨被示

十日

右之儀東坊へ以書狀申入

一龍松院家來稻垣來申返答明日以狀謝五ヶ院

十一日

聽長卿來談御世話之事殿下へ內々以典侍殿內示之趣被申入處尤可被仰出候間目出度世話可然由答命安心之旨也義脩朝臣來□所々談建物之事羞一盞

一以家司甲斐守積善妹寳光宙卿帶親事賴遣承知實品物可回由被賴卽紅白生絹各六尺松屋由兵衞申付了

十二日

同卿狀來
今日關白殿御參申伺候
一神宮上卿之事至御臨月候はヽ其子細被　仰上御辭退可然候已後又々辭
申□□節可被　仰下候事
一被任先例百金御拜借御願之事尤無子細候事
一表向御着帶より　宮御參　內迄御賄之事尤始御近例御願可然候事
一別段御拜借金事是は甚六ヶ敷候桂家境內八條殿町御家御類地先年御申
受被置候今度雜舍御取立無之候ゐは御差支に候に付御內々大典侍殿御
願にゐ大典侍殿へ御拜借可然候尤年々御返上可有之此子細從聽長も大
典侍殿へ以大御乳人可申入委細之御示命有之候事
數量は今日不申入候猶大御乳人示談之時可申と存候事
殿下言上以前三條面談先例承候處百金之外は近例不見旨猶又咄合も有
之付殿下へ相含申入候處如本文御示命候猶巨細拜面可申入候

一宮御座間御造立事以圖申入御承知候事
右之條々先爲早速以狀申入候猶巨細期拜顏候昨日拜見御書付類返上候也

四月十二日　聽長

中山殿

右行向謝申了拜借金御賄之事廿三日後早々可賴旨也又典侍殿拜借名目事早可申入置委細は以大御乳人直可被申入由被示送鯛一尾
一渡邊以下來有武備事又羞一盞
一古市佐渡來願奉仕事　進鯛二口
十三日
一靜庵來建物凡治定夫々申渡
一招山岡昨日東坊示事申入建物圖差出座摩社河內天滿宮等祈禱事同申入

十四日

一辰刻以使申入如左　口上

権典侍御方御懐妊來廿三日御内着帯に付乍御苦労廿三日辰半剋伺之

事御頼被成候

　　權典侍匙

山本大和守

加川若狹介

産婆

古市佐渡

右

一以大口甲斐守藤原積善狩衣渡帯於聖無動院前大僧正亮恕坊嵯峨也依遠路僧正以大炊御

門家爲自坊代即經久公男予伯母所誕生也自典侍殿可爲此坊先日所被示送也請加持辰上剋也半時計歸來帯包之上被

添根引小松三本以白紅水引結諸輪□置淸所安産了可流川云々

近例紅白生絹帯計渡加持所云々過日僧正云是如形事不本意也眞實着

用之帶同可加持間同時可渡由被示仍晒緬帶三筋紅染花端同渡了僧正有實
情人也定抽丹誠歟　皇子安誕無疑大慶々々
廿四日
一自　禁中聽長卿狀來今日御世話之事表向被仰出由被示又御用掛取次澤
村出雲守被　仰付由同被示
一出雲守屆に來
一典侍殿へ右申遣
今度權典侍着帶之處當時愚宅甚狹少に村　宮御間幷御湯殿以下造立其
外部屋々々等建添且地面一向狹少無致方候に付在來之建物等も外へ移
替不仕候而者御差支に相成り候無據分右用途彼是增長候處勝手向甚不
如意に付色々勘考候得共難及自力深以心配仕候依之甚恐入候願に候得
共金百兩拜借相願存候返上之儀者自明年以十五ヶ年賦之割無相違可令
返上候以御憐愍願之通被　仰付候者深畏入存候此由宜預御沙汰候也

四月廿四日　忠能

権大納言殿

坊城前大納言殿

右四折向月番三條家賴置了

今度權典侍懷妊に付着帶以後到御降誕御參內等於忠能亭萬事御賄可申上候處小祿之儀每事不都合且家來無人御用不行屆之儀可有之哉と恐懼存候依之甚恐入候願に候得共先文自着帶到御參　內自御用御賄之事相願存候以御憐愍願之通被　仰付候者深畏入候此旨御內儀ハ宜預御沙汰候也

四月廿五日　忠能

前菅大納言殿

右四折持向賴置了

廿七日

一自出雲守狀來令遣返狀

宮様非常附

御使番

伊藤左衞門

宇佐美右衞門尉

御用下掛

池村兵助

福井次郎三郎

右局ゟ申遣

一下掛兩人禮來

一使番來謝

○五月十二日

一自武傳午剋可參　內有示參　內之處先日願候拜借金銀六貫目拜借被
仰付返上方自明年十五ヶ年賦之旨被示畏存旨申述落手了

一向兩傳奏亭謝了又依便路向東坊城以書狀吹聽之

一受書今日可進呈哉問武傳之處三四日中參　內之序にゐ宜旨也

一拜借之事告局了

十六日

參番之便附武傳兩卿

今度權典侍着帶之處愚宅甚狹少に付

宮御間以下建添且在來之建物移替等無據分彼是用途相掛候處勝手向甚

不如意候間不得止金百兩拜借自明年十五年賦返上之儀相願候處願之通

銀六貫目拜借被　仰付深畏入候依御憐愍萬端無滯可相勤畏存候尤自明
年十五年賦無相違可令返上此旨宜預御沙汰候也

五月十二日　　　　　　　　　　　　忠　能

権大納言殿
坊城前大納言殿

十七日
自今夜至十八日亥刻松尾社遷宮御神事也
夕景自省中東坊城書狀有面陳之義明日辰半頃迄之内勝手可令參　内被
示進返狀了
一慶子御神事中可下宿由也
　但有小恙朝涼之内可下に付辰半剋下宿
山本大和守加川若狹介山口大隅介等來診察

十八日
辰半頃參　內於廊下東坊面會御用御賄之事昨夕可爲願之通以女房被申
出由也謹承退出向彼家謝罷之局へ申遣了
一大和守若狹介等來
十九日
山本　加川武藏大掾息也
右來
自廿三日頗加熱不食廿六日曉天有催之氣小時靜穩至六月三日有增減同
樣其後追日快復珍重々々
山本執匙加川父子中山攝津守等連日來其外山口隔日來又別之御沙汰三
角高階藤木藤木岡本等連々來到六月十日同斷其後山本中山加川之外或
隔一日又兩三日來

○六月廿七日

粗快復欲歸參且廿九日改下宿今度自六月下宿保養之事兼醫師希申之由兼命有之故也之處山本有表裏之

口上廿六日俄延引了

宮樣御人

女中　三人

御乳　二人　子二人　下乳二人

仲居　一人

御篦親　澤村出雲守娘　辻左近將監妻

權典侍殿家來

女中　三人

仲居　一人

右但皆々新參に付此外大典侍殿女中二人當分御雇

六月廿七日又

〇七月二日

御用掛幷下役召連表座敷等間割申合以圖示談了尙御世話卿へも自出雲守申談可及治定申合之

自當家之敷設自御用之敷設等書分之

一表板鋪間疊廿帖拜借出來之旨也

一六枚屛風二雙之事申談之

〇八月二日

一御用掛以山岡當家上分幷常勤之家來名前尋問如左書遣

覺

大納言殿

大口甲斐守

中將殿
逸丸殿
眞光院殿
愛姫殿
永姫殿
康姫殿
御帯親
順姫殿
上﨟代
繼姫殿

田中近江介
同　河內介
清水大工
里見伊織
森　宮內
中村監物
八木丑之助
加藤主稅
侍　四人
小侍　一人
仲番　一人
下部　三人
老女　三人

女中　四人
茶間　一人
中居　一人

右之通御座候

一就無人非常之節詰合士三人幷吉川中村出仕之事兼申付置役所之輩勿論也

一同上輿丁之事談御用掛之上四人申付平人二人申付置

一領分幷權典侍領分依近邊也走付人足申付置

一權典侍下中典侍殿始へ二重硯蓋類兩三度進事

一左士宿侍事

一降誕御歡文　御所へ返事上﨟代筆事

八月三日

一自典侍殿以書狀內勘文被見下廿日廿一日頃可宜也　思召之旨

御着帯の日時

今月九日ひのとのい　時たつ

十八日ひのへさる　時み

廿　日つちのへいぬ　時み

廿一日つちのとのい　時み

廿四日みつのへとら　時み

廿七日きのとのみ　時たつ

廿九日ひのとのひつし　時み

嘉永五年八月三日　はれ雄

中鷹
四折

奉書四折

今月
四日

五日　受死
六日　御日柄
七日　御徳日
八日　難用
九日　吉
十日
十一日　難用
十二日　難用
十三日　御日柄
十四日　難用
十五日　十死
十六日
十七日　受死　上臈代 ウタ

十八日　宥用　正三女同簾中

十九日　御徳日　近江女

廿日　吉

廿一日　吉

廿二日

廿三日　難用

廿四日　吉

廿五日　御徳日

廿六日

廿七日　吉

廿八日

廿九日　宥用

右十八日故愛親卿正忌典侍局父卿廿一日故殿御日柄廿四日典侍局實母正忌也廿日

可然處母公被命云ヶ様之吉事二十日可除由有説於他日は一入恐悦云々
仍右等以返状申典侍殿之處廿七日御治定明日清書可被　仰下云々
四日
一長橋ゟ以書中權典侍へ廿七日辰剋着帶被　仰出候由依例於省中直に可被傳仰處下宿中に付以書状被傳仰旨自典侍殿有内示也以鳥飼使被示卽以返書奉御受又自跡以書中附長橋申御禮
了是等自典侍殿有差圖也
一自御世話卿以書中來廿七日辰剋御着帶可被爲在御祝儀被　仰出旨被示
以返状答畏承之旨了
五日
招澤村有申談之旨又爲恐悦彼者來了
去月廿七日又昨夜等盗人之事有申談之旨也
一幸德井重服に付清祓不能奉仕由若狹可申付談了

追申八條殿町之方は町奉行組猶更夜行之筈候也
秋冷日加候愈御安全恐悦候抑夜盗往來有之候に付可有夜行昨日殿下申入武傳ゟ令示談從武傳被下知于武士候爲御安心申入置候也

八月七日　聰長

中山殿

八七
一御用掛出雲守來勘文三通差出落手候
穢物之事
可被埋　乙方　東上の便所の邊西方
八月七日　陰陽助保源
右一通

御初生湯可被流方

御吉方　丁　南藏の西の方

八月七日　陰…………

右一…

非常御立退御方角

御吉方　丙　丙今城壬

或　壬

八月七日　陰…………

右一…

八　七　權典侍領分松ヶ崎村庄屋薦一枚繩三筋可調進以山岡

申付十一日調進ハラの袴別にさし出

七　日

山本加川へ廿七日之事以使申遣山本仙沼子如例調進申遣

一舟鉾町十七日十四日之神面廿七日持參自家來申遣〇所々風聽同申遣

八　十

下掛來談雜具有無河内

八月十日

一自御局

一御さや　三巻

一御白縮緬　二巻

一御羽二重　三疋

一御加賀　二疋　はゝひろ一反　せはき方一反

一御さらし　一疋

一御紅めん　一たん

一御眞わた　五包
一めんわた　二包
右八品
右廿七日可拜領處爲手廻今日渡由也
外に先達催氣味之時被廻品

五月廿四日
一白絹　一
一紅もめん　一
一さらしめん　一
一紅白いと　二
一わた　一包

一赤豆　一升　御沈
一きひ　二升　御枕
右御用掛へ申よし局ゟ來
一白絹糸　二寸
一同めん糸　一寸
一大奄わた
右此方にて求

右も都合に相成由也

十日

勘事有之
順姫帯親繼姫上﨟代事以大御申遣承知了

十一日

於省中東坊面會田中加藤事申示事

十二日

來廿三日辰半剋一端歸參夫々申談治定了

十九日

御用掛醫師參診參宿御治定之旨一紙差出

御臨月に付來九月一日ゟ御降誕迄參宿

朔日

二日

三日

太田伊豆守

中山攝津守

加川武藏大掾

右之順番に參宿

來月一日ゟ參診

一日　藤木伊勢守

二日　藤木三河守

三日　山本大學權助

四日　山科典藥少允

五日　高階典藥少屬

六日　山本大學權助

七日　山科法眼

八日　保生院法眼

九日　山本大學權助

十日　山口大隅守

十一日　西尾法眼

右之順番に參診

右順番之外二日置參診

加川筑前守

御降誕後御七夜中膝代詰

藤木伊勢守

以下一同

御降誕後三十之間

新宮樣參宿

太田伊豆守

山科法眼

西尾法眼

二十日

一自御世話卿以書狀伺醫先達御治定之處間違被示事及延引旨被理示

藤木伊勢守
藤木三河守
山科典薬少允
高階典薬少属
宮御七
太田伊豆守
山科法眼
保生院法眼
御母儀執七
山本大學權助
同上差支之節
中山攝津守
西尾法眼

此外加川父子

一兼及入魂置帯幷一包帋臺等自御用掛相廻（以御挨拶金子於御臺所調進相廻也）白生好絹（長一丈二尺餘巾九寸五分）・筋白鳥子九枚重（表飛鶴含小松或飛鶴計間七枚白紙也）内蝶鳥各全繪竪包之（上下折掛包也端にて九

枚をめらかす以表同繪小少形鳥子結上下六分計四帖之紙捻也諸綸に結之載竪足白木臺

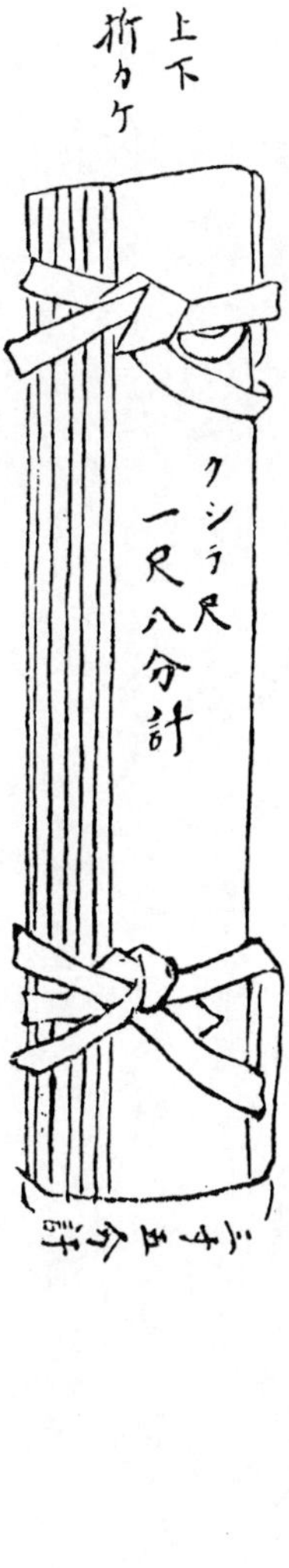

廿一日

一自典侍殿以山岡今日自長橋被願置候拜借金五十兩被渡殘は明年拜借之事被示候由自役所受取書山岡迄遣す自山岡長橋家來へ同差出由也

廿日

一以書狀右告東坊城了

一御立退壬之方无所に付今一應勘進示御用掛――――後日差出如左

非常御立退御方角

御吉方　離
或　坤
八月廿一日　陰陽助保源
廿二日
一自下掛差出　宮弁局等女中以下人數未具に付先入合せ此通之積り但
追々治定兩人數此員ゟ増之時は尤人別可加増由也
御着帯ゟ御降誕迄
飯米野菜料渡
一ヶ日に付銀拾四匁壹分六厘
人數
上　三方　但一ヶ日一方　三匁五分貳厘
次　三人　但一ヶ日一人　九分五厘
下　一人　但一ヶ日　七分五厘

一自下掛差出
一御三方　本二　一二　三膳
一御茶碗　七
一御皿　大一　中三　小三　七
一御猪口　一
一御茶呑茶碗　一
一御藥茶碗　一　蓋臺共
一かはらけ　十
一ふきん　二
右自表向大清可用御降誕濟候はヽ可除置尤重着帶には不出來候間清く
納置其節可用由也
一表方假構所に凡出來板間廿帖幷部屋々々疊自　御所拜借中彩色六枚折
一雙墨畫六枚折一雙金二枚折片墨二枚折一雙等同拜借御簾以下同御用

掛持參仕鋪設了

廿五日

一御世話卿入來約依兼御用掛皆來事々談合了御世話羞菓飯御用掛三人同上

廿六日

中奉書十帖送東坊所勞中每々世話之事謝遣

一殿庭掃除等今日出來了

伺幷宿番御醫等認一ヶ度に付

飯米野菜料共銀壹匁壹分

右於當家用意入魂凡宿番翌朝一ヶ度必用意之然る處多少不食退散之旨に付更不及用意由九月二日御用掛示由朔日計用意云々

赤飯　一蓋

同　一重

同　一重

一醫者御用掛陪膳等事下掛可勤由自然差支之時此方小士加勢事

御着帶御備御祝儀

一百疋　同帶加持

一同　清祓

一二百疋　仙沼子調進

一同　御帶親

一百疋　春日御初穗

一同　稻荷御初穗

一銀二枚　內山本尊御初穗

一百疋　權典侍殿ゟ同斷

一三百疋　七日鉾町神面御初穗

一二百疋　十四日同斷

內山本尊以下者　御降誕之後御返却之節御備

一五百疋　山本
一三百疋　加川筑前守
一二百疋　同武藏大掾　若參上候はゝ可被下也　依出頭與之云々
右三口御用掛ゟ申渡
一二百疋　產婆――――老女渡之
一五十疋つゝ　御局眞命二人――富島へ渡了
一鳥目廿疋　同中居一人

廿六日
右豫家來受取置了
廿六日
下掛ゟ出す内山祭料
燈臺　木まつ香　火打箱　あふら附　香爐　大形兼申入置

とうしん　まつ香押木　さし　燈心
あふらさし箱入　油任盡御用ゟ出る
跡宮御料になるよし御ゑなへは不用様との事也

廿六日　陰晴不定

慶子著帶也
早旦着狩衣奴袴御用掛一同幷　宮附使番來候
一卯剋若杉陰陽少允藤保申來淨衣於　宮御殿清祓今日鎭祭兼行了自御用賜祝酒是別儀也　清祓下行百疋自御用鎭祭百疋自予遣之各家司渡之予謁之謝勞清祓例幸德井也依重服中難叶由申之
一母儀執匕山本大學權助辰上剋來狩衣淺黄指貫
仙沼子　十五粒内一小別包又一包とす其上に仙沼子之三字書其上以壇帋包み母包とす載目六臺
予謁之受取後剋可來令申之金二百疋自御用賜之家司渡之
一帶親光宙卿室予妹也被送帶仕立日也壽留女廿日記
使引延紙二束自御用出各入魂於御用幷當方取計了

右竪目六

一爲右謝義二百疋壽留女等可送處是又入魂不及沙汰

一帶幷仙沼子等到來之儘但載一臺以諸大夫藤積善狩衣送前大僧正亮恕之坊依遠方以里方大炊御門家爲自坊代乞加持小時祈禱了被返

一爲右謝儀送百疋自御用出

一辰尅以同使進帶添仙沼子於權典侍局到來竪目六添之壽留女は各互入魂

一申尅權典侍下宿白小袖着袴今日供回各自御所被出

一自今日降誕後三ヶ日地下不陪膳上﨟代或予末男扶之候之

一上﨟代予妹女被來午上尅

たつ中鷹

御着帶の日時

今月廿七日　　きのとのみ　　時たつ

嘉永五年八月四日　はれ雄

中鷹四折

御着帯の吉方

壬いれの間に向はるへし

嘉永五年八月四日　はれ雄

中鷹四折

御臨產吉方之事

今月廿七日より來月廿五日まて九月節

弁中

丙　巳午の間なり

九月廿六日より十月廿五日まて十月節弁中

庚申　酉の間なり

母屋庇之事

今月　廿七日　廿八日　廿九日。來月　一日　二日
十一日　十二日　廿一日　廿二日。十月一日
二日　十一日　十二日　十六日より廿五日まて
右の目次は母屋を避らるへし
嘉永五年八月五日　はれ　雄
右之通長橋被渡之云々
一御末弘御手自御文匣細工物種々入（被加方金千五百疋）御末弘等
一女御御文匣細工物種々入於御側給之云々
又上臈御中　二把（五百疋）被渡之云々
又申口にて長橋被渡之如左
一十石御手形　勘文類
銀卅枚
一今日家內一同給御祝酒御料理戴餅等御禮家司向御用掛所申之云々

主人向局下り後給之次ゑ分爲手回晝時給之平附小戴五枚御祝酒重肴吸物鯛ヒレ膳一汁三菜也

一御世話卿入來同上自御用給之引繼三方　予吸物一　三種肴　一獻羞之了

一家族入來申入之人々自御用戴餅吸物重肴等各使番勤陪膳

一今朝予謁御用掛取次幷宮使番二人局下後局非常附番謁之

一殿下賜賀使給壽留女三連予謁之延引祝酒自御用出云々

一部屋親今度典侍殿使同上

一依御風氣今日无御盃於御假床自御手令結帶給云々帶親所進帶也白精好四にたゝみ緒わなに令結仙沼子有帶ゑ間

一權典侍下ゑ後自御用掛內山本尊受取之卽於表方目六引合落手於宮殿次間祭之屏風立廻置彼辛櫃間半計也前置小机當家設之上供香爐燒末香不可絕云々燈明一臺不可消云々又供洗米酒等盛小土器每朝供改每日典侍拜之至臨產此定也予又拜之

抑本尊內ゑ小辛櫃赤塗取出置外辛櫃ゑ上祭之兩例云々但內辛櫃ゑ注

連縄等必不可損由於執奏家御用掛承之由也仍此度外辛櫃黒塗之儘祭
之又敬非常之趣意也
權典侍供廻り之時御用掛向執奏家伏原直受取之來局下宿之後予受取
之也

一七日鉾町　神功皇后神面幷

一十四日同上

右二辛櫃家司相改以目六引合落手卽予以下拜見櫃之儘安置　宮殿床之
上每日拜之臨產之時返却也不設祭具先例也

一御箆澤村出雲守娘辻將監近妻也兩親夫婦揃之者也來獻御箆青竹二本包赤地錦上包奉書載竪足臺壽留
女ゝれ等予局謁之御祝酒以下自御用出二百疋同斷

一申剋山本大學權助加川筑前守同武藏大掾左渡等來自御用賜御祝酒拜領物醫師自御用掛渡產婆老女渡之

別段到來切すし幷甘鯛一尾餳等在合御用掛醫師以下令出之

一壽留女三連富しまあさ山岡父子進之後日遣金百疋謝之

一典侍局別段□鯛うとん一鉢切𮔉し二鉢等自是送五種硯蓋一面

一予有召今日中勝手可參由也

一戌前凡家內事濟之上先中將參　內以表使申恐悅賜戴餅吸物御祝酒重闫參殿下申同斷

一戌半過中將歸宅後予參　內さし貫同斷又屆參上旨依着帶被免小番旨東坊城宿也被申渡以表使申御禮餅以下同斷參殿下恐悅幷免小番事御禮申入置向東坊申小番被免之事畏且又一件段々世話之旨謝申了

一伊與ゟ結書にて回品候廿七日

御長持　一鍵錠付

各羽二重

一鎊付御ふとん　一　　一同御かいまき　一

一二幅御ふとん　二　　一四身御かいまき

一御小ふとん　二　　一同御かいまき　二

一緋さや御こたつふとん　一

一御振袖御ふく　二　　一御をくひなし　二

一御ちんこ　二　　一御絹御ひよ　二

一紅めん御ひよ　五

一御ふくさ　五

二はゝ　一

一幅半　一

一幅　一

御もらひ御膳かけ一幅　一

御薬かけ一幅　一

一御文匣

一二番御紋付　二合

御薬御紋付　一　無文　一

无文御むつ入　一

御仕事　二

御文宮　二

一御硯はこ筆　二　墨　一　鋏　一　きり　一

一筆　十本　墨　三

一筆　十本　墨　二

一御耳手洗　一

一御火のし　　　　　　　　　一
一御爪御文匣　　　　　　　　小二
　　御紅　　二　　薫物　　二　　御紅筆　八本
　　御鋏　　二　　御爪袋　二
　帋
一御奉書　　十帖
一みの　　　十五帖　　一半切　百枚
一半し　　　四十折　　一小鷹　三折
一十帖　　　廿折　　　一御はなかみ　二括
一中鷹　　　一折
一白生絹　　二重　三幅四方御まる包　一　右の内の由にて石（本ノマヽ）來る
一白めん　　一疋　御用ゟ回由にて局にて仕立來る如左

薄わたあて　九ッ　御むつ　七ッかされあり　御またみ

此内御はな紙二結もみ置御よだ御便に用る也

目六三折　鳥飼使　長橋結文後剋來若此事か

一御屏風　一雙　一御片高　一帖

一御座　二枚　一御いす御座　一枚

一御胞衣桶　一　一御おし桶　二

一御衣架　一對　一御菊燈臺　一

一御曲たらい　一　一御むつきたらい　一

一御手水たらい一　一御まる　一

一御かいき抄　三本　一御柄長杓　二本

一御丸あんとう一　一御手桶割蓋付　三

一御薬箪笥　一　一御薬風爐　一

御茶碗　二

御藥鍋　一
御藥溜　一
御藥汁　一
一御炬燵（銅の落しほやとも）　一御あまかつ　一　御犬張子　大一對
御花むすひ　二筋　御眉道具　十六品
一御提帶　二筋
以上
右鳥飼使　權典侍下後可被送處手回之旨御用掛理出　此使延紙二束引之旨御用
ゟ出來又家來請取書遣云々
廿八日
於　御所權典侍承知之よし目六なし下掛ゟ回末衆ゟ回來由也
一御三方　二　一御書物臺　五
一御小四方　五　一御もし　大一 小二

一杓　一　一水こし　一
一手桶大中蓋付二小蓋なし一　一御ち丶捨　一
一箱　一
内
さいはらひ　二　羽箒　二
御手巾　五　御ふつきん　上三下二
小刀　二　火はし　二
御薬匕　一　御箸　細百膳太同計
御文御薬茶碗小　三重
同御たれ御茶碗　一
同御嗽茶わん　一
ひ杓　大小　二　白木御湯桶　中小　二
御土瓶　大中小　三　こほし　一

蓋物　大中小　三　御平茶碗　二ふた付

御はな帋　二結

廿八日
一醫者十三人居所書一通筆頭差出候よし御用掛ゟ差出落手

一殿下へ昨日御送物爲答禮自權典侍進

生鯛　一掛

使當家々來品は自御用出

一御乳夜具自局回來御用にて出來

○九月朔　臨月也自今日宮上藹代光宙卿女來宿予妹女也

一早朝中將御用召參上就權典侍着帶被免小番旨廣橋被申渡以表使申御禮

殿下廣橋等へ御禮廻

一以書狀御初湯之水吉方注進之事陰陽頭へ申入夕方入來被附之

中鷹四折

御湯之水吉方

出町の橋の上　今月一日ゟ廿五日まて九月節幷中

甲寅卯の間なり

弘小路口の下　今月廿六日ゟ來月廿五日まて十月節幷中

乙卯辰の間なり

右の方流水を汲るへし

嘉永五年九月一日　はれ雄

一非常御立退　離乍斜大炊家　丙今城家等申込承知之上先御世話卿幷

御用掛等候事（本ノマヽ）

一晝藤木伊勢守出頭宿太田伊豆守各拜診明朝太田朝飯調達附下掛

鹽小鯛　八はひ

なすひくき　飯

一自今日宮使番一人下掛一人仕丁一人來宿

但依時申合一人他出難計由也

一內山本尊外わくのとゆ大破　女御々產之時有申立其儘延引今度伏原被

申立御內儀へ申入出來之旨御用掛屆了

一春日社御祈禱命西三位御初穗百疋奉納自御用出家司狀也

二　日

晝參河守宿攝津守

御用掛來謁御立退之事兩家無差支由申之御世話へも以書狀申入

一自同卿書狀御賄一件內々申來趣意追從之至不可說云々

一手燭ろうそく一本乞取

一自野宮御守借用

三　日

晝大學權助　宿武藏大掾
一御初湯流水甲斐守具下部御湯手桶指向甲方川原今町橋少土の方豫汲取來
一近々土用に付埋穢物處東殿上の便所の西方三尺四方四尺深爲掘置流御初湯處物見東方
二尺四方二尺深爲掘置
一御胞衣自來八日依土用假埋處可堀處內々勘進有之由見天保二年記仍今日不沙
汰七日取計了
一伏原使內山上乘院十一面觀音御祈禱御禮幷供物被差出謝遣无進物先例
云々
一內々下掛ゟ差出如左
小刀一丁九丸自下掛出之此品々の內の由也　ゑなつほ　ふし
はさみ　もくさ　麻
盥　四ッ　大一中　御初湯料御乳洗　中小　御胞衣洗料御藥茶碗洗
一自土御門使如左渡御用掛了

口狀覺

御產に付急御用之節被致參勤候往來道筋之儀梅小路村を北へ西鹽小路村夫ゟ西七條村を東へ朱雀村を北東へ一〆町を北へ松原通を東へ油小路通を北へ佛光寺通を東へ烏丸通を北へ綾小路通を東へ高倉通を北へ四條通を東へ堺町通を北へ堺町御門夫ゟ御產所

强風雨之節

梅小路村を東へ八條通を大宮通夫ゟ北東へ古御旅所を臺所門町を北へ七條通を東へ東中筋通を北へ五條通を東へ室町通を北へ四條通を東へ堺町通を北へ堺町御門夫ゟ御產所

右之通往來道筋に御座候仍而以書付被申入置候以上

九月三日

土御門右兵衛佐殿家

皆　川　將　曹

中山大納言様
御雑掌中

四日　陰晴不定

書典薬少允　宿伊豆守

一澤村へ土御門道書付渡置又宮御臺子あらは可回若无者權典侍局別れ用新調之旨可回申談又御七夜獻物之事同申談了

一御毛たれ二丁白木桐唐戸めん宮入來

一自女御清水御祈禱御禮幷紫ちりめんすぬい表地三種御肴等賜之以返狀申御禮

一御乳持食料書付差出候事過日示藤木伊勢守今日太田一帋差出了

五日　晴

書保生院典薬少屬依所勞代也宿攝津守

一宮御料あんと張幷火皿油皿白木燈臺油皿御胞衣桶幷御おし桶等臺下掛

りへ申出來之由也

一非常之節使番仕丁輿丁等自　御所回由當家無人に付非常勤家來二人語合一人三町四方走付之事命之又村方當家依遠方權典侍領分八人計走付人足之事談山岡申付了此事去廿七日ゟ也

一稻荷祠官出頭捧願書云奉願口上

御安全御祈之儀者治承二年十一月十二日先代惣官神主秦忠清に始而被仰付其後正和四年四月廿日同秦親氏に被　仰付家傳之神符御守神札等獻上之趣家記幷山槐記管見記にも現然候右以御吉例從先々御着帶之節御連綿御祈禱被　仰付來候間於當御度も御流例之通被　仰付候樣奉願候以上

子九月

稻荷社權禰宜

親篤

右卽如近例可令祈禱旨命之了
一御臺子　宮御料無之由權典侍局渡之料幸新調に付今日自御用掛相廻由
落手了
一御おし桶臺並置一基　御胞衣桶等二臺之事出處申談御用掛處一向不存之由尙
御內儀ゟ可承合申含了
かなかしら二尾御おし桶入之料　於御用々意之旨也
一中山攝津守宿番之序內々申旨今日左府亭參入之處今度　宮御乳彼家々
來妻伏屋賴母妻粗治定之旨此女甚々多辨不正直之者故御爲不宜思給之旨
左府內々以此醫被示旨也承知但於御內儀粗治定事難任一存由申述候處
此醫明朝參典侍殿局委細可申述云々任其旨了
六　日　晴
晝山本　宿賀川
一御おし桶の臺御內儀へ御用掛ゟ申込旨來些大形也預置了

一御用掛遣菓子

七　日　晴

晝山科法眼　宿太田

一土御門へ以書中內々自明日土用に付土用中降誕之時御胞衣假埋吉御用尋問卽被附

御吉方

丙巳午の間なり

辛酉戌の間なり

嘉永五年九月七日　はれ雄

八　日

晝保生院　宿攝津守遣菓子

一依藏附送酒肴於使番幷下掛等加川來同上

一謁御用掛御乳母之事談之又談中山九條家粗憐宥之旨也

一朝之內御胞衣假埋所爲埋（堀カ）置了

九日　雨

晝山本　宿加川

一御用掛遣菓子

一使番下掛肴遣

一小刀一丁下掛出之御胞衣料內々具也

一自春日社西三位御祈禱神札御供物等到來

十日　陰小雨

晝山口　夜太田遣菓子

十一日　陰

晝西尾　夜中山遣菓子加川來

一自伊與取計賜菓子

一御小屛風一雙御古　宮御料御拜受母儀以書狀申御禮兩局

十二日　雨

晝山本伊勢守　夜加川

一午剋竹島來談御座邊雜事

一過日到來御乳母夜具

くれない四角ふとん　二ッ

萠木四幅兩面ふとん　一ッ

右御側之料

めん小文にても四角ふとん二ッ

めん敷ふとん　一ッ

右部屋之料之旨也くれない一ッ四幅一ッ不足也自富島可申込申含了

一御乳母みち九條家々來自昨夕出勤之處今早旦目回失正氣に付今夕ゟ下宿養生中山調藥

一局下女狂氣之樣子に付今日令下宿中山調藥

一近頃金燭一ッ二尺餘ほんほり付金手燭一ッ等差出有之に付一兩日中差出旨御用掛申之

一小あんど一ッ局渡にても御座間御入用之旨竹島申し談御用掛不日可回旨也

一御乳母今一人上賀茂社家治定早々可出勤申談申付事

一自稲荷社御祈禱神札居守掛守御符等到來

十三日　屬晴

晝　マ　、　宿太田

一東坊入來晝飯自御賄被出使番陪膳當家羞菓子公董朝臣降誕後食事自御用賜之由內話

一御用掛來羞菓子

局渡之內

金風呂　水差　蓋置

杓立　火はし　建水　土釜大別之由

黒漆炭斗　　同芥取

右過日申入に付差回了

十四日　晴

晝三河守　夜中山　宮中居今日ゟ出勤

一麝香掛目二匁（錫器物御用後可返却由）　煎香

右御《マ》、緒之御料

一墨一丁　筆二對　御胞衣納之料

右御用掛差出了

一今日當御用之向仕分不用之分印を付納置了

局渡新調に付御料に用

黒漆臺子　唐金風呂

杦立　火箸

水指　蓋置

建水　黒漆炭斗
同芥取
右
羽箒　一　箒　一　五徳　一
右今日乞取
御薬匕　一　御薬鍋　一
御薬溜　一　御薬茶碗平　一
御薬計り　一
右御薬擔子ゟ取出
中土瓶　一　小湯桶　一
小刀　一　御薬茶碗小三重
御茶碗の蓋一　ひ杓　一
鳥箒　一　清ふきん　一

次ふきん　一
右宮ゟ取出
三方　一　重臺　一
小四方　一　小のもし　一
大清蓋手桶中　一　杓　一
水こし　一
右取分出置
御藥茶碗洗小桶　一　御乳洗小桶　一
御初生湯盥亀大　一　初二ヶ度計御用
御胞衣洗小桶　一　御湯大曲盥　一
清御顔洗小曲盥　一　御むつき洗中曲盥　一
御湯料蓋手桶　一　御水料同　一
杓短　二

右同斷

十五日　晴

晝山本　宿加川　朝加川父

一八寸重 權典侍文兩局當仲間へ送る丹市松の重に申付る三歩半二寸

一鱧皮鱠

二鱧白味噌吸物廿人前

三鯛小串　鱧青みそ　上板 ぎせいかへ つぶ椎茸

四切すし　鯛鱧

一女御へ杉折内八寸 少横大〆也 七種 上﨟宛文進上

一午半頃向正親町明後拜賀に付也

十六日　晴

晝土佐守　宿太田

一御用掛談御乳母夜物事　大御乳申條不埒也

一金小燭臺眞切壺ほんほり　一　　金手燭ほんほり付　一
小あん燈皆具　一　等差出
一臺十能　局渡一乞取了
一當家執奏座摩宮御祈禱事平日御撫物も被出有之事故相願度旨兼申出談
御用掛之處御内儀へも申入依天保二年太秦廣隆寺之例可被　仰付旨也
御初德今度は百疋也自家司浪花へ申遣事
十七日　陰晴不定
晝高階　宿中山
朝向正親町賀拜賀申置予歸家之上中將同上申置
一予家長持二棹今日預寺町典侍殿之土藏如左
元板間北藏の方　錠付封　嘉永五九十七封
一大清御よき　一　御ふとん　一　御枕　一
御單御かたひら七　清新調雜上下四人前
蚊帳　一

格子之方
一御靴柳筥外筥入　一　一忍冬壺　二筥
一御挿鞋同　一空柳筥　一
御神事手桶　二ッ　杓　一
掛湯桶　一　手洗　一

十八日　小雨

晝　宿加川
一御乳まめ料もみ一尺計
一御きりすり小ふたもの　一
一同ぼん〳〵　一城殿調進之内有之卽返上了
右局ゟ回る山岡息
一權典侍へ被下御米明十九日晴雨共被渡由同申來同人卽下掛へ其旨令申述
一典侍殿內示に付書付差出廿日以後可爲此分被返答如左

富しま　あさ

右　宮様御人御無人御雇の事

お愛　上﨟

右　六日たれ一人は御なし申上一人は御たれ勤よろしく候や但内々細井御たれ申上宜候や

千とせ　龜の

右御無人のせつ加勢に出し苦しからす候や

十九日　晴

晝　マ、　宿中山　太田所勞由也

廿日　晴

晝保生院　宿中山

一御用掛へ過日申置假御物置床木二脚在合相用雨障子三枚御幕二張串四本等自御所廻ろ修理職下來中庭乾角二帖敷假搆了御幕一張は同庭目隠に可用也

一干かなかしら一對同人差出又御帶下行書差出十九匁　分生絹 十六匁　分九重包
右にては御挨拶二百疋不足也仍以橋本例令示談

廿一日　晴

晝山本　宿ヽ　、

廿三日　快晴

一自今日拜診被免狩衣由自筆頭申越尤出頭可申候へとも爲早速申越由太田申之

一典藥少允昨日依正忌今朝拜診

一御乳付明午剋ゟ未剋迄御湯明後日午前後可宜太田申之

一岡本ヽ　、守母儀所勞中度々出頭之處拜診不被　仰付甚々殘念之旨再三懇願に付以下欠文

○以下御先例書其他

十八

御用掛差出御内儀濟由

御參　内御道筋之事

御門前を東ぃ中筋を南ぃ飛鳥非家門前を西ぃ夫ゟ有栖川宮御門前を北ぃ朔平門前を西ぃ御順路被爲　成候而可然奉存候以上

十月四日　　陰陽助保源

皇子くたりましく　ける日によめる　　綱子

今日のほる影くもらねは日の日子のてらしますらん天の下を

一御初衣之事正留形ましない袋事留

一御はな結ひ糸白練くり一丈二尺左右よりヨリ合

一御初衣あまかつにきせ其上〆《本ノマヽ》七セ、

一催并　皇子皇女御安産之事以書申入大和へ宮上﨟代ゟ

一御乳付は御腹之事の由

一六日たれの役は上﨟眞實は工者の人

右橋本返答

一先御居間設御片高一帖今度東枕或南枕其上設御夜具御寝具其上頭置犬張子一對以首方相對張子之内入水入疊眉刷毛疊澤疊際疊初生垂疊眉道具疊眞墨疊眉道具白粉摺眉白粉眉墨際墨化粧水入眉刷毛大中小初心白黒紅粉筆墨指墨散等有疊之分包み入之也其上頭置御守刀入筥載臺御七夜宸筆御名入此筥也以天兒赤身建寄其臺御おし桶二口載臺

一口入米包疊入米御動座之度々散米御花結糸白絹より紐如小元結二筋御七夜之間御之度々一結之不可解怠也一口入青石三枚かなかしら二尾等置御座側今度床上御衣架二基置便宜側今度東方以提帯以如附帯帖付之結上架如刀下緒之結自上一尺計爲一結之引延垂之皇子者寄左方結垂之皇女者寄右方結垂之建白畫御屛風於便宜所

一御胞衣産婆箟親等奉仕之納桶此内密々有意之器以白絹包之一載臺設白木燈臺菊燈臺也有祝畫到被納之日不可

消火也 以屛風引廻便宜之間設之也今度御次の間乾角
一御臺子餝便宜所今度御次間坤角 置御藥御飮之具
普請圖治定繩張 四月十四日
普請取掛 四月十八日
所々石居立柱五月廿二日五月廿三日ゟ新建上棟五月廿八日辰刻
一欲問幸德井之處不在京云々仍問若杉勘文如左於私事普請者有方角善悪於公事不得止者无禁忌云々
今度非常私事之上地形不得此外仍以此說所思定也
可有御上棟日時
今月廿八日　戊寅　時辰
五月八日
陰陽少允

藤　原　保　申

右治定依吉日五廿一ゟ廿五日迄礎石居定等廿八日上棟之處局所勞下宿に付延引之內爲土用夏土用殊有穿地之恐仍延引了廿二日土用濟之間更乞勘文

可有御上棟日時

今月廿三日　壬寅　時辰

同　廿四日　癸卯　時巳

六月九日

陰陽少允

藤　原　保　申

右到來仍廿三日礎居廿四日上棟一定了

○

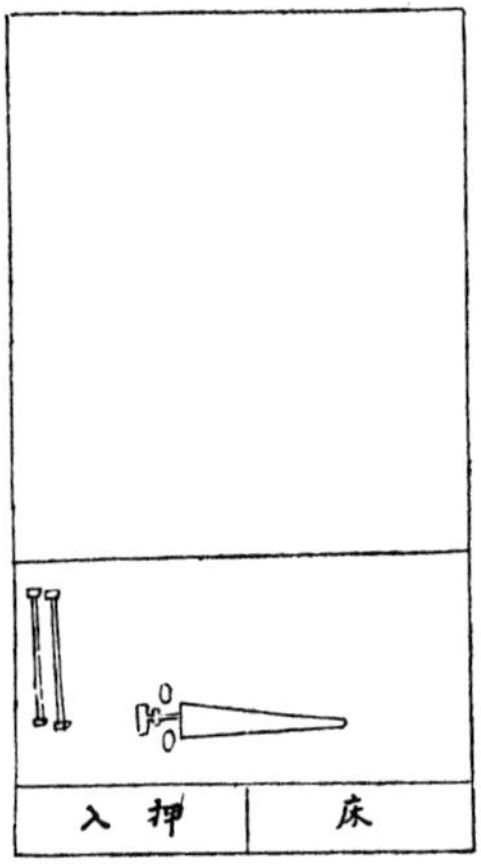

○

九十二竹島來

御輿へ入品々御文匣のふたに入

御守刀　御札　御あまかつ

御末廣御着帯之節御拜領　御めしかへ御服　一重

御口ふき　御料紙

雙親七人御初衣

康姫　咏姫　健姫　守姫　友　娘二人

御參内之時予以紅筆書之

一御まゆ毛を
御たれの日除き
御きは一文字

其上百疋　若杉　五匁　□かき
二そこ　二朱　聖無坊　百疋　山岡父子　富島　あさ
予如圖
そうしゆつ　あつさ　御枕きひ　下掛ら

○

銀六貫目　五月十二日拜借武傳被渡
五月十二日　二貫五百目　龜治兩替　卅九兩六百文　六三九五
同　十三日　三貫五百目　鍵庄　五十四兩三分三十文　六三九二

〆九十三両

五十三

廿両　千切屋返し

同
十両　田中返し

同
廿四両二分と七匁四分五厘　先日以來所々返却

五
十両　大工へ渡

六十
五両　同

六十一
五両　同

○

一二百片　明年ゟ返上廿両つゝの事龍松院始右受合使稲垣八太郎

一同上　千坂屋隠居西村靜庵

一　大坂の事

○

一二十片　千切屋　四廿一大工へ渡五
一十片　河内介同
入一百疋　大通寺四廿五
入一同　權典侍酒料　一宮中居九十三來

○

一三百疋　山本大和守
一同　加川若狹介
一二百疋　左渡
一百疋　聖無動院殿帶加持
一百疋　富しまあさ山岡父子返し但錫三連獻上也
鬮九五來九十二歸
千巻九七來九十三歸

○

九二
東坊へ返状有不當之書狀之故也
宮御入
九十一出仕十二下　御乳みち治定當月上旬ゟ來候由下乳白川（吉田カ）村今日
治定來日未承候
九八出仕　白歯千鶴廿七日ゟ權典侍に附居一昨夕一寸歸不
日來候由
權典侍家來女中一人治定之處父死去退去候其餘未定に付元愚家に居
候雪と申者幷に里に遣置候かゝ等何かなしに來居候
九十二歸 替十三來　中居一人大典侍家來へ付讓候積りか廿七日ゟ來居候
大典侍家來
九三來四歸 九十一來九十五歸 富島　廿七日ゟ廿九日夕方迄來居候處御神事月障多相成先歸
參候

九四來九五歸 九十二來九十四歸 九十四來十五歸 廿七日ゟ來翌日一寸歸廿九日ゟ今朝迄來今日歸參候右

両人之内は申合來居候積り之由に候

九七 磯歸 今朝ゟ來居候

右之出入に相成しかと員數難定候先日内々申入候御賄等引受居候女退去に付自家來申談之處老人申候には既に廿八日なと中下四人にも滿付下り居候日も候へは此上宮御人之内増候ても定通にて取計候と申儀は六ヶ敷宮御人は別に可被充哉なと丶申候に付一向眞實御用ゟ御仕立に相成候は丶分明にて可宜哉家來も申候に付御内話申入候事に候尤此一件家來强而彼是申候義にては無之候間御休意可給候於愚家も實は廿八九日頃之工合にて始終員數滿居候ては其餘は御勘考も願度候儀に候へ共今日なと之樣子にては無其論事に候委細難書取尙拜面萬々可申述候所詮降誕迄之事に候へは先ふら〳〵と一日延に致置候積り迚もしかと分明之取計は難成存候

———

九月二日

東坊城殿

○

一御立退方角之事大炊　今城

一使番以下詰書付事八廿自着帯一人つゝ宿下掛一人仕丁一人

一御賄自着帯降誕迄今一應得と

一宮女中以下手桶手洗食具あんとこたつ

一同炭油蠟燭

一御七夜中言上事

一御神事中言上事

一土御門御生湯酌川流水事勘文事すむ

一降誕迄予中將他出事　九月一日ゟも如何

一降誕後同斷

一神宮上卿事　廿四日すむ
一皇子之時御對面
　當日　公董　定平
　御七夜　御世話卿　兩役　家族庶流
　一族　花山　今城　大炊　飛鳥井
　野宮　難波
　親族　三條　正三　園　勘ヶ
　正親町
○
一田はこほん　五　勘ヶ由家
一小上ヵ臺火鉢　二　園
一金燭　二　正三家
一足打　二　申付

一平茶わん　　十　百卅文

一四尺錢形　　一双正親町家

一同四尺片
田はこほん　　二　御局

御手燭用

十一日　十三日　廿六日　廿八日　六月二日　五日

八　日　十　日　十三日

○

かきにつめるいけ水　　　口藤原守筆印

けふを松かをのちとせの　(松の畫)

いそひをくはしめと

まつにさく花のかゝみも

くもりなく十かへり　(松の畫)

まてとすめる池水

右正親町家傳來松二幅對（畫鶴澤探泉守之也　贊愛―卿）當今天保二年降誕自內着帶之時被掛軸由頗吉物也可被借渡旨有懇示仍內着帶之日借用餝之了

○

胤宮樣

天保十五年

十二月一日

一二百疋　小佐治石見守

一百疋ッ、　佐治數馬

岡本右兵衛

藤木采女

一五十疋ッ、　谷村磯二郎

吉川善十郎

一五十疋　仕丁貳人　文藏　利助

右無御滯御酒にても可被出處入魂自御里被下之

一同日明日御參　内に付　宮様御家來以下御里御局衆自御賄拜領物如左

一二日御參　內
自新典侍樣御局親樣御家來へ被下如左
一生肴　一折　御局へ
一百疋　三原主税
一同　野島
一百疋　女中二人之中
一五十疋　同二人之中
一鳥目二十疋ッヽ　下《中カ》居二人
一同　下部一人
一同日自御里御祝儀
一五十疋ッヽ　右兵衛尉
右衛門尉
采女

主税
主水
兵部
竹島
てり
きぬ
紅葉
下部

一五百文
一同　ッヽ
右無御滯御祝儀被下之

○

十二月十日
御地行所獻上物御返百疋三百文自御賄被下之
一自新典侍樣萬端御相撈爲御肴代百疋石見守へ被爲送之候

別段今度計之由申聞御使番三人へ二百疋自新典侍様御内々被遣之

〇

和宮様

弘化三年

六月十一日

一金二百疋　小佐治石見守

同百疋　川口左馬少允

同百疋　山本右近將曹

同百疋　藤木采女

同五十疋　栗津與四郎

同五十疋　池田倉次郎

同五十疋　仕丁貳人　文藏　哲三郎

右者何角日々世話之事共御酒に而も可被出之處彼是御取込に付爲酒肴

料當家ゟ被下之
金五十疋

鳥目壹貫文

同壹貫五百文

和田右兵衛大尉
同　右衛門少尉
伊藤　采女
塚本　主税
矢部　隼人
山内久馬三郎
竹島
てつ
きぬ
紅葉
みとり
下部三人

右萬端無御滞被爲濟候に付爲御祝儀被下之

十二日

金百疋　和田右兵衛大尉
同百疋　同　右衛門少尉
同二百疋　竹しま
同二百疋　みち尾
同二百疋　ひさ
同百疋　御雇女中
同百疋　同
同百疋　同
同百疋ッ、　御局女中二人
銀壹兩ッ、　御局女中三人
金五十疋ッ、　侍　五　人

御内
御局 中居三人

下部 三人

御使 右衛門少尉

三原主税

野しま

女中一人

女中四人

仲居 二人
下部 一人

鳥目三百文ツヽ

同貳百文

一新中納言典侍様ゟ

御まな 一折

右被進候

一金百疋

一同百疋

一同五十疋

一銀一兩ツヽ

一鳥目貳百文ツヽ

右之通新典侍様ゟ被下候事

○

天保二年七月十四日

熙宮様御参内

十三日

二百疋　　　　辻　和泉守

百疋ッヽ　　　浅井右衛門

　　　　　　　徳岡典膳

　　　　　　　瀧野　貢

五十疋ッヽ　　預り 坪川喜市

　　　　　　　吉田九藏

一朱ッヽ　　　仕丁　二人

右御先例無之候へとも自御里別段被下之

十四日

武家玄關にて拜領如左

二百疋　　　　三宅將曹

百疋　河越伊勢守
二百疋ッヽ　藤浦
竹しま
ふみ

十五日
此外康姫様以下御上幷御次女房向へ白銀御反物御拝領之由
白銀三枚ッヽ　四辻様
清水谷様
橋本様
右自　御所御拝領

十八日
権典侍様ゟ御世話卿以下御内々御挨拶物有之候事

○

別段御内考之程兼而伺度存候事有之候
堂上息女宮仕被　召出候節支度金と申物當時無之哉
右は如何程入費可有哉典侍内侍にて差別も可有之哉
一御人に付格段事は無之候哉
一懐姙以後里方入費如何程之事哉
着帯降誕前後且又　宮里方に御逗留中
右等之處御内安之置之邊心得に令覺悟度夫にケ程被宛行候はゝ難澁に不相成と申程御示訓承度と存候乍御面倒御閑暇之節御勘へ可給候内々如此候

○

七月典侍へ内々返答之寫
宮御降誕後暫御逗留被　仰出候節御受申上候哉御内々御尋之旨何れも承候

一母始何れも一向不案内不行屆のみと恐入候殊當時家來共一入不案内不調法者計に候間上下共に萬端不都合千萬と深恐入候

一地面御存之通甚狹少に付建物等も惣て不勝手之至に候先々　宮御參內迄之處所々假建等にて當座之御用便取調ひ置有之候まヽ御逗留被仰出候節は尙更惣體甚々不便宜勝手惡き事計と恐入心配仕候

一當家元來薄祿一ヶ年納米漸九十石餘之處借財等多有之眞實納米誠以輕少に候間勝手向實以難澁仕居候間萬事一向不行屆且失禮不本意之事計に可相成と甚以恐入存候

右之次第に付深恐入心配仕候間先一應は御用捨之儀希上候併　宮御養育御爲筋に付　御沙汰之義に候得者强而御理申上候義も是又甚以恐入存候間先文之次第夫々御評議之上猶押て被　仰付候御事に候はヽ　御沙汰次第に御受申上候事

忠　能

右七月廿一日大典侍局へ内々返答申入寫

○

彌御安全……………抑一昨夕は拜面畏入候所勞失禮可令免給候其節御命有之候來月御神事

祐宮拙宅ニ御下り之義何も敬承候且又其内自然爲御養育御逗留被　仰出候事も有之候はヽ其節之心得方も右御下中勘合置候樣御内示是又畏承候右御逗留一件は去七月廿二日内々大典侍へ返答仕候寫入御覽候通通之仕合先○家内上下共萬事不案内不調法不行屆計と恐入候其邊可蒙　御宥免候哉且又建物等狹少此儘にては御用も難便哉。御覽之通之事に候間御評議可然樣御指麾給候樣仕度候。將又薄祿勝手向一向六ヶ敷萬事難調候間先件彌被　仰出候節は何卒先年女御々下御殿へ　敏宮御逗留中之通自御用惣て御賄被　仰付候樣幾重にも希入存候右等御宥許も給候はヽ安心にて畏御受申上候間偏宜御執成希上候實は心中色々と存上彼是不

可申上事と存候へとも何分右等之處不蒙　御憐宥候ては御受申上候段深以心痛恐懼仕候是等之趣何卒〳〵厚御勘考給候はゝ深く畏入候仍此段申入度如之候也

十月十三日　　　忠能

追申呉々も本文之趣何卒々々宜希入候所勞亂――

東坊城殿

○

中山家御下り中

御祝儀

一金貳百疋ッ、　　老女　貳人

一同五十疋ッ、　　眞命　五人

一鳥目五百文　　中居　壹人

雜掌　三人
侍　三人
下部　貳人

一金百疋ツヽ
一銀壹兩ツヽ
一鳥目貳百文ツヽ

○

一諸奉行月割事
一一條家御翠簾之事
一御劔御記帳事
一返上金事
一御會之內月割帋事
一東坊へ御附以下遣物示談事
一修奉行帋筆墨事
一番兵帋事
一御月次十二月其外未進詠進事

一十四日三條婚禮肴事
一十五日一條殿干鯛幷肴參入事
一十六日飛鳥井酒幷行向見舞事
一十四日煤拂事
一御取置御煤等東坊申合候上修奉行非奉行へ申入事
一十三日内取置事
一諸拂諸祝義物事

○

八日
女御寒中　同同　殿下　門院同
飛同
一御乳へ着物不可渡事
一宮御附三人衣服事

一寒中獻上物事

一年始同斷

一千歳ゟ應對事

一大學事

○

一田中米事

　加藏歳末事

一田中八十事二百事　此米代早吟味事

○

○寒中歳末年始等獻物御用掛詰合之時可差上事

○宮御付女中三人事仕喜施事

中山忠能履歴資料 巻二

嘉永五年三月より祐宮御降誕日記幷費用之件

御目出度始り

一今般 權典侍樣御懷妊之趣内々御沙汰被爲在候に付内御着帯御下り日時勘文之義

幸徳井陰陽助ニ

三月三十日

大口甲斐守より

書狀を以御頼被遣候事

○四月一日

一參殿

幸徳井陰陽助

内勘文持參之事

甲斐守 取次

御落手之事

幸徳井陰陽助

同四日

一内御着帯御下り等之義御伺之所内勘文之通廿三日御治定被為在候に付明日中に清書差出候様幸徳井ゟ御使田中丹治

同五日

一参殿

勘文清書持参左に記

御下り　日時

今月廿三日　癸卯　時辰

四月五日

陰陽助保源

御着帯　日時

今月廿三日　癸卯　時巳

御吉方酉と戌之間

四月五日　陰陽助保源

同五日

一御局樣ゟ御使　伊織

御色紙文庫に入御紙文箱添被進候處御落手之由

同十一日

一勘ヶ由小路樣ゟ御使　大口甲斐守

答　岡本左門

右者今般　權典侍樣內御着帶來廿三日巳刻御治定被爲在候に付御帶親之義御賴被　仰入候處則御承知之趣御答有之候事

尤御帶絹之義は御里にて御調に相成前日御廻に相成候樣雜掌面會談し置候事

同十二日

一參殿　古市佐渡

此度　権典侍様御慶事之趣乍内々承り恐悦申上候猶又近々御内御着帯之趣に付何卒御用被　仰付候様奉願上候

大鯛壹掛獻上之事　老女面會無御返但御近例也

同十四日

一　御使　室町下立賣下ル東側中程にて　山本大和守　廐上下清水　杢

油小路丸太町下ル今出川烏丸西へ入　香川若狭介

古市佐渡

権典侍殿御懐妊來る廿三日内御着帯に付辰半刻參　殿伺之義御頼被成候事　但口上

何れも御請申上候事

同十九日

一條様　花山院様　大炊御門様　難波様　飛鳥井様　野宮様　今城様

藤波様　園様　勘解由小路様　三條様　正親町三條様　正親町様等ゟ

御吹聽御切紙被進如左
來る廿三日巳刻權典侍殿内着帶之儀被
仰出仍御吹聽被申入候事
四月十九日　　　　　　中山殿　使
但一條樣花山院樣へ之御吹聽被申上候と相認候事
一生羽二重御内着帶御帶二筋各六尺白紅一松屋由兵衛調進以中鷹二枚包之
上下折掛輔二重緤白木臺又御常用白晒縮御帶三筋六尺兩端一尺計以紅花染
之細井誕生子達丈夫に付兼而染之調置事
權典侍御方御懷姙來九月御臨月に付來廿三日巳刻御内着帶御治定被
仰出候仍御吹聽被　　仰入事
四月十九日
大口甲斐守
大通寺

役　者　中

光傳寺　同　文　無量壽院　同　文

平戸　同　文

追申關東御屋敷にも御同様被　仰入候事

座　摩　同　文

右に付此一封御局御衣服御中に候御安產

皇子御機嫌能御降誕御盛長御祈禱之義御賴被　仰入候事

四月十九日

田中河内介

大口甲斐守

座摩宮

渡邊近江守殿

同廿日

一松浦壹岐守様へ御吹聽書栗林へ出す

同江戸屋敷へも同斷

同廿二日廿三日

一御歡使來る分

一條樣　同中納言中將樣　三條樣　飛鳥井樣　難波樣　花山院樣

大炊御門樣　勘ヶ由小路樣　藤波樣

同廿三日

一今城中將樣少將樣御歡御出幷御裏方ゟも御使來る

一正親町侍從樣御出

爲御歡干鯛一箱目錄添被進候御答禮干鯛一箱

一聖無動院樣へ御帶御加持御賴御使大口甲斐守狩衣御里大炊御門樣にゐ

御祈禱御勤修之事

紅御帶　御帶親樣へ相廻し猶夫ゟ

權典侍樣へ被進候事

同廿三日辰剋　　　御迎供　田中河内介

一権典侍様御下り御輿　　　　　里見伊織

御肴　鯛こち赤貝五　　　　青士貳人

御酒　　被進之候　　　　陸尺四人

　　　　　　　　　　　　　下部貳人

同刻

一勘ヶ由小路御帯親　順姫様御出

錫貳連一折御品御入魂　御答禮同斷相濟

別鯛一　鮑二

被進

御答禮

鯛一　赤貝五

同三位様

中務少輔樣錫貳連一折御品御入魂同上ゟ被進候事

一參殿　退出之時金三百疋被下

同斷

同二百疋被下老女渡之

山本大學權助

香川若狹介

產婆　古市佐渡

一園樣ゟ御肴御到來　御答禮するめ

一大炊御門中納言樣御出御內着帶御歡

今城中將樣少將樣　野宮樣御出同斷

同御裏方ゟ御使　同斷

一正親町三條樣ゟ御使急御取持加田周防守

御品するめ二連　御答禮するめ

一野宮様ゟ

鯛壹尾　赤貝五　御到來

御答禮　はも一　赤貝七

一大典侍様ゟ三種《鯛鱧いか》御肴御到來

一御局御一同様方ゟ　大鯛一　鱧一　赤貝七

御肴　五種御到來　三百木瓜

依召

一參殿　富しま

錫三連一折四人ゟ獻上　あさ

御答禮金百匹被下候事　山岡主計

雅樂は不參

一花園樣ゟするめ二連被進候

御答禮大堅魚三

御人數

東坊城樣　正親町侍從樣

權典侍樣　順姫樣

醫師御匕　山本大學權助

御産科　香川若狹介

御産婆　古市佐渡

富しま

あさ

山岡主計

不參　佐野雅樂

御獻立

一御雜羹　花かつほ　赤白切餅　あわひ　いりこ　結昆布　白みそ

御かはらけ付

一御吸物　蛤すまし

一御餳　冷酒

〆

御引盃附

一御吸物　ふくさ鯛の鰭

一御餳　かん酒

一御鉢肴　湯鯛　わさひ

御膳

一御紙鋪　巻するめ　糸わかめ　大こん

一御盃　三ッ組

鱧青みそ

一御硯蓋　上蒲ほこ　ふ　き　巻いか　きせい豆　ふ

一御ひたしもの

一御鱠 白髪大こん 魚身けん 海素麵 煎酒 赤貝 わさひ　一御汁 あられ こまく はも

一御香之物 奈良漬瓜 大こん　一御煮物 半平 しい竹 青み

御 二

一御猪口 鳥賊 百合根 うと 青あへ　一御焼物 若狭 小鯛

右六人ヘ御認被下候事

御内
御六方様　鶴丸様　捨丸様　園大夫様

一御鱠 はもの皮 あへませ　一御汁 オかまほこ

一御煮物 半平 推茸 青み　一御香の物　一御焼物 生あじ 煮付

御次一同ヘ 御内人數 外に雇人共 〆廿四人

三種硯蓋 ひたし 鱠はも皮 あへませ 焼物 鹽あじ 汁やきとうふ 香のもの

一長橋様ヘ御肴三種 鯛 赤貝七 鱧 被進候事

一典侍様ヘ五種御組硯ふた同御次へ鱧一海老五赤貝五被下候

一新中納言様始御局御一同様ヘ

御肴五種　大鯛こち鱧烏賊五赤貝七　被進候事
一權典侍樣御内着帶相濟御參申刻御供前同斷
一女御樣ゟ鯛　鱧　海老五御拜受今日不及御答禮由也尙可尋記こと不及御答禮由也
一東坊城樣御出御饗應有之鱧赤貝等御出產御答禮するめ被進之
廿四日
一聖無動院前大僧正樣ニ但御自坊代大炊御門樣　主　稅
昨日御加持御挨拶且金百匹被進候
一參殿　廬山寺前　澤村出雲守
御用掛被　仰付候御屆申上置候事
一東坊城前大納言樣御書中今日表向御世話卿被　仰出候由御示又取次御用掛出雲守被　仰出事御示之事
廿五日
一御世話卿東坊城樣御用掛澤村出雲守表向被　仰付候旨御局へ可申上由

書中にゐ入魂

山岡主計ゟ

同日

一參殿

大通寺使者
高田雅樂

御内着帶爲御歡金百疋獻上

廿七日

一書狀到來如左

御用掛
澤村出雲守ゟ

以手紙得御意候然者此度　權典侍樣御姙娠に付　御降誕宮樣非常附御使番幷御用下懸り等別紙之通申渡候間此段各樣迄申入候間宜御申上可被成候仍此段申入候以上

四月廿七日

澤村出雲守

中山様

雑掌御中

宮様非常附

御使番

伊藤左衛門

宇佐美右衛門尉

御用下掛

池村兵助

神井次郎三郎

御紙面致拝見候然者　權典侍殿御姙娠に付

御降誕宮様非常附御使番幷御用下掛り等別紙之通御申渡之旨則申入候

處被致承知候尚宜御答可申入被申付候仍御答如斯御座候以上

中山殿家
大口甲斐守

四月廿七日

澤村出雲守様

一權典侍様非常附御使番名前幷御用下掛り名前等書付御局會所山岡主計ゟ士使にて爲持遣す

一參殿
池村兵助
福井次郎三郎

御用下掛り被　仰付難有旨御禮申上候

一道明寺三ノ室様ゟ梅御守來る

○五月一日

一南部無量壽院様返書御歡申來る

今度権典侍着帶之處當時愚宅甚狹少に付

宮御間幷御湯殿以下造立其外部屋々々等建添且地面一向狹少無致方候

に付在來之建物等も外ニ移替不仕候而者御差支に相成無據分右用途彼

是增長候處勝手向甚不如意に付色々勘考候得共難及自力深心配仕候依

之甚恐入候願に候得共金百兩拜借相願度候返上之儀は自明年以十五ヶ

年賦之割無相違可令返上候以御憐愍願之通被　仰付候者深畏入存候此

由宜預御沙汰候也

四月廿四日　忠能

権大――――御月番三條様へ

坊城前大――　　　　御持參之事
但金貳百兩内々御拜借御願之處近例無之趣に付金百兩御願之處五
月十二日銀六貫目御引渡に相成餘は大典侍樣ゟ御願に相成

今度權典侍懷姙に付着帶以後到御降誕御參
内等於忠能亭萬事御賄可申上候處小祿之儀毎事不都合且家來無人御用
不行屆之儀可有之候哉と恐懼存候依之甚恐入候願に候得共先文自着帶
到御參　内自御用御賄之事相願存候以御憐愍願之通被　仰付候は深畏
入候此旨御内儀ゟ宜預御沙汰候也
四月廿五日　　　　　　　　　　　　　　　　　　　　　忠　能
前菅大納言殿
東坊城樣廿四日御世話被
仰出候に付廿五日御持參之

同月十二日

一御所ゟ木札附御文箱來自武傳方御招

午刻

一御參　內被爲在候處御兩傳御列坐銀六貫目御引渡に相成候事

御退出掛三條樣坊城樣へ御禮

東坊城樣ニ御吹聽に被爲成候事

但御近例御受書卽日御差出に付御內談之處五六日中御參　內御序御

差出にて宜由御月番坊城樣御答

今度權典侍着帶之處愚宅甚狹少に付宮御間以下建添且在來之建物移替

等無據分彼是用途相懸候處勝手向甚不如意候間不得止金百兩拜借自明

年十五ヶ年賦返上之儀相願候處願之通銀六貫目拜借被　仰付深畏入候

依御憐愍萬端無滯可相勤畏存候尤自明年十五ヶ年賦無相違可令返上候

此旨宜預御沙汰候也

五月十二日　　　　　　　　忠能

権大納言殿

坊城前大納言殿

同月十七日五ッ半時

一権典侍様聊依御所労御下り御包輿大垣也四人

但松尾社遷宮御神事に付自今夕ママ、語合貳人

御下之處少々御違例に付冷氣ママ、朝之内御下也

御迎　加藤主税下部

右同日

一參殿　山本大和守

一同　山口大隅介

一同　香川若狹介
十八日
一同　山本大學權助
十八日自東坊城御一封於省中御逢被成度旨也御參之處御用御賄之事御願之通被　仰出由御示卽御退出掛東坊城樣へ御挨拶御出
十九日
一參殿　香川父子
一同　山口大隅介
兩人
一同　山本大學權助
廿日
一參殿　澤村出雲守
權典侍樣御着帯ゟ御降誕迄従

御所御賄之儀御願之處御願之通被　仰出候旨今日東坊城樣ゟ御達御座候に付此段申上候委細之義は下掛り之者ゟ各方ゟ御談可申候間宜相賴由也

一御所武家玄關ゟ四ッ折差出如左

御使　伊織

口上覺

一地車

右者今度新建幷修復に付從明廿一日來る六月中運送石藥師御門ゟ通行引入可申候宜賴入被存候以上

五月廿日

中山殿家

田中造酒印

御執次中

右當番之取次ゟ調印取之石藥師御門番へ差出候處落手也

一參殿　中山攝津守

一同　山本大學權助

一同　加川若狹介

廿一日

一參殿　山本大學權助

一御使　同人ニ宮内

權典侍殿御下りに付暑氣之時分毎々御苦勞被存候此品乍輕少任御到來

被爲送候事

一參殿　加川武藏大掾

一同　中山攝津守

一同　山口大隅介

廿二日

一參殿　山本大學權助
　中山攝津守
同日
一侍從內侍樣ゟ御文付御肴御到來
廿二日
一參殿　伊藤左衞門
　宇佐見右衞門尉
此度宮樣非常掛り被仰付御受御禮
廿三日
一東坊城樣ゟ御見舞使來る　用人　宮崎造酒
御逢之事
廿三日
一參殿　加川武藏大掾

一同　山本大學權助

同　下部使

一新中納言樣ゟ御肴籠御文添到來

同

一御使　加川若狹介ヘ

山口大隅守ヘ

右は日々診察苦勞御挨拶としてはも壹尾はまくり兩人ヘ被爲贈候事

御使　杢

同

一長橋樣ゟ御文通到來

同

一參殿　あを

一同　山口大隅守

一同
廿四日
一東坊城様ゟ為御見舞水泉粑御到來
同
一參殿
同
一同　伺御容體
同日
一正親町宰相中將様
御見舞御出
園大夫様
同日
一萬里小路様ゟ御見舞御尋使

加川若狭介
雑　掌
中山攝津守
澤村出雲守

廿四日

一東坊城様ゟ御使　大口甲斐守

右は度々御尋被進今朝は御見舞結構之御品忝被存候乍麁末此御肴被進候

鰹一　蛤六

廿五日

一大典侍様ゟ御使　加藤主税

一參殿　加川武藏大掾

一同　山本大學權助

一同　御池兩替町角――　高階典藥少屬

一同　加納辻子新町西へ入――　藤木三河守

右兩人今日

禁中從御內儀可相伺被　仰出候に付參上仕候由也

一参殿　加川若狭介
一同　中山攝津守
廿六日
一御使　昨日御挨拶口上　高階典藥少属
御違例御平愈迄之事注例之御日記
七月上旬御本復　藤木三河守
○六月廿七日
一参殿
御用掛り
澤村出雲守
表通り御間取之所拝見
下掛り
池村兵助
什度旨也依之主税誘引
福井次郎三郎

但役所士部屋等明渡之儀相斷　仕丁貳人

猶近日繪圖面を以可相伺旨也

○七月二日

一參殿　池村兵助

過日示談之義に付下繪圖面持參伺出候事

○八月四日

一長橋様ゟ御文箱來　禁中御使　白鳥雅樂

來る廿七日辰刻權典侍様御着帶御治定之御沙汰被爲在候由之事

權すけ様へ御直文也御返事被進又御禮御文被進

今月

四日　五日　受死

六日 御日柄
七日 御徳日
八日 難用
九日 吉
十日
十一日 難用
十二日 難用
十三日 御日柄
十四日 難用
十五日 十死
十六日
十七日 受死
十八日 宥用
十九日 御徳日
廿日 吉
廿一日 吉
廿二日
廿三日 難用
廿四日 吉
廿五日 御徳日
廿六日
廿七日 吉
廿八日
廿九日 宥用

御着帯の日時

今月九日ひのとのい　時　たつ

十八日　ひのへさる　時　み

廿　日　つちのへいぬ　時　み

廿一日　つちのとのい　時　み

廿四日　みつのへとら　時　み

廿七日　きのとのみ　時　たつ

廿九日　ひのとのひつじ時　み

嘉永五年八月三日　はれ雄

右勘文二帋内々自典侍御局御廻御差支等御内問之御沙汰也

八月二日

一参殿　山岡主計
右は御用掛りゟ御人數書御差出被下度旨申之候由也
依之認相渡

大納言殿　大口甲斐守
中將殿　田中近江介
逸丸殿　田中河内介
眞光院殿　加藤主税
愛姫殿　中村監物
永姫殿　清水杢
康姫殿　里見伊織
御帶親　森宮内
順姫殿　八木丑之助

上臈代

繼姫殿

右之通に御座候以上

八月七日

一參殿幸德井勘文三通持參

寫

非常御立退御方角

御吉方　丙或壬

仲番　壹人

下部　三人

老女　三人

女中　四人

茶之間　壹人

仲居　壹人

澤村出雲守

八月七日　　　　　　　　　　　　陰陽助保源

御初生湯可被流方

御吉方　丁　八月――

穢物之事

可被埋乙方　八日――

右三通也

同

権典侍様御領分

一参殿　　松ヶ崎村

庄屋

右は権典侍様御懐妊に付

御薦　一枚　縄　三筋

右御局役人山岡主計ゟ調進之義被申付候に付御届申上候由也

八月七日
一御使　　山本大和守ゟ
　　　　　加川筑前守
　　　　　御使　里見伊織
來廿七日辰刻御着帶被
仰出候如例出頭之義以御使被　仰遣且大和守ゟ先格之通仙沼子調進之
義被　仰遣候事

一諸方ゟ御吹聽御剪紙被進如左
權典侍殿來廿七日辰刻御着帶御治定被
仰出候仍御吹聽被申上候事
八月七日　　中山殿使
　　　　　清水　杢

右　一條様ヘ
有栖川宮様

權典侍殿來廿七日辰刻御着帶御治定被
仰出候仍御吹聽被申上候右に付自然御音物之御沙汰も御座候者嚴敷省
略中內外共堅御斷被申上置候此段被申上候事

八月七日

中山殿
使

右　花山院様ヘ

權典侍殿來廿七日辰刻御着帶御治定被
仰出候仍御吹聽被申入候右に付自然御音物之御沙汰も御座候者嚴敷省
略中內外共堅御斷被申入置候此段被申入候事

右
大炊御門樣　野宮樣　飛鳥井樣　難波樣　今城樣　園樣　正親町三條樣　三條樣　正親町樣　勘ヶ由小路樣　柳原樣　橋本樣　今出川樣
醍醐樣　藤波樣　庭田樣　白川樣　四條樣　萬里小路樣　勸修寺樣
花園樣　河鰭樣　桂峯院樣　寂靜院樣　觀實院樣
權典侍御方來廿七日辰刻御着帶御治定被
仰出候仍御吹聽被　仰入候事
八月　日　　大口甲斐守
大通寺
役者中　東坊　大坂淨性坊　道明寺三ノ室
光傳寺同文　無量壽院同文　座摩同文　平戸同文

追申關東御屋鋪江も御同樣被　仰入候事

大坂御家來御立入

右同文

田中靭負　富澤監物　河合長庵　島男也　橋本長門　分部相模

大原万右衞門　吉岡院

以手紙得御意候秋冷相催候處彌御安全被成御勤珍重奉賀候然は　權典侍御局來廿七日辰刻御着帶御治定被仰出候仍御吹聽被仰入候且御所勞中右爲御見舞何寄之御品被進御一山ゟ御見舞被進忝被存候御本腹に付爲御挨拶昆布五拾本被進候御一山へも御同樣被爲贈候宜御取計賴入存候右得御意度如此御座候以上

八月八日

中山殿家

大口甲斐守

龍松院御内

稲垣八太郎様

以剪紙申達候然者今度

権典侍御局御懐妊に付來廿七日御着帯候間先格之通　神面持參有之候

様可申達旨如此候以上

八月八日

中山殿

勘定所

七日鉾町

年寄

組中

新町綾小路下

同文　十四日鉾町

年寄

組中

御請

御書面之趣承知仕候以上

御請

御着紙之趣慥に奉承知仕候以上

子八月八日

八月十日

新町四條下

七日船鉾町

年寄印

十四日船鉾町

年寄

組中

一参殿　福井次郎三郎
御着帯後御膳具御茶烟草盆等御世話卿様已下御表之分は用意之義覺悟
仕居候御奥御女中向之義御膳具御用意仕候得共茶烟草盆火鉢等如何被
爲在候哉奉伺候所御召之御服所物書已下當家に用意無之間其用意頼候
旨河内介面會に付申入候所奉畏候事

一勘ヶ由小路順姫様御帯親之義御頼表使甲斐守且　宮様御上﨟代之義繼
姫様御願之事同人兼

同十一日
　　　　　　　　　松ヶ崎村
一参殿　　　　　　　庄屋甚兵衞
　御薦壹枚
　繩　三筋
是は御局へ納置候由わらのはかま御里へ持参受取置

同十一日

御着帯爲御歡　　大通寺役者中

金百匹獻上

同十七日

一右爲御答禮昆布五拾本　　同　寺ゟ

被爲送御挨拶申遣す　　役者御中

大口――

一參殿

御着帯兼日御入魂以御相摻金子於御臺所被申付相廻る御帯持參外に醫

師拜診番割書持參如左

御臨月に付來九月朔日ゟ

御降誕迄參宿

朔日　間之町夷川上ル　太田伊豆守
二日　室町下長者町下　中山攝津守
三日　油小路丸太町下父同居　賀川武藏大掾
右之順番に參宿

來月朔日ゟ參診
朔日　烏丸二條上ル　藤木伊勢守
二日　狩野のすし　藤木三河守
三日　室町下立賣下　山本大學權助
四日　烏丸御池上ル　山科典藥少允
五日　兩替町御池上　高階典藥少屬
六日　前に記　山本大學權助
七日　御幸町夷川上ル　山科法眼
八日　柳馬場姉小路上ル　保生院法眼
九日　如前　山本大學權助
十日　柳馬場押小路上　山口大隅守
十一日　五辻大宮ヘ入　西尾法眼
右之順番に參診

右順番之外二日置參診　　　　賀川筑前守
御降誕後三十日之間　　　　太田伊豆守
新宮樣參宿　　　　山科法眼
　　　　西尾法眼
一着帶爲御歡金百匹獻　　　　大坂浄照坊
　　　　光蓮寺ゟ
八月廿日
一參殿　御逢之事　　　　澤村出雲守
同
一參殿　金五拾兩持參落手書相渡如左　　　　山田主計
覺
一金五拾兩也

右は今度
宮様御降誕に付典侍様ゟ金百両御拝借御願之内今日金五拾両被進御送
慥に被致落手候御返上之義は明年ゟ十ヶ年賦にゐ可被致返上之旨是又
被致承知候以上
八月二十日　　　　中山殿
　　　　　　　　　　役　所印
大典侍様御内
山岡主計殿
一右御世話卿へ被仰入候事
廿一日
一御局様へ御使　　　　　　甲斐守
昨日御拝借金御挨拶被　仰入候事
廿二日

一従御用掛以下掛差出す如左

非常御立退御方角

御吉方　離　或　坤

八月廿一日　　　陰陽助保源

御着帯ゟ

御降誕迄

飯米野菜料渡

一ヶ日に付

銀拾四匁壹分六厘

人数

上　三方但一ヶ日一方三匁五分貳厘

次　三人但一ヶ日壹人九分五厘
下　壹人但一ヶ日　七分五厘

廿三日

一參殿　宮様非常附御使番　伊藤左衛門
宇佐美右衛門尉

一同　下掛り　池村兵助

一同　御用掛り　澤村出雲守

今日御屛風其外御道具類御所ゟ御廻しに相成幷御臺所向下掛已下詰所

修理職ゟ取掛り候事

一御三方　本一　貳二　三膳

一御茶碗　大一　中三　小三　七

一御皿　七

一御猪口　一

一御茶呑茶碗　一

一御薬茶碗　一　蓋臺共

一かわらけ　十

一ふきん　二

右出雲守持参権典侍様御着帯ゟ　御降誕迄　御用之由尤此御品は御初

産之節計りゆへ御かけ置重ゐ御目出度之節又々御用に相成候御事

廿三日

一参殿　前田郡八

水天宮御禮権典侍様ゟ献上

同

一参殿　岡本肥後守

同

一同　大通寺 實法院

左之書付持參

中御門院樣御宇享保五年子年

櫻町院樣　御降誕被爲　遊候節御吉方に付以

勅使御胞衣當社ニ御納めに相成候尤御祈禱被　仰出候事

享保十五年二月廿二日御吉方に付

龜宮樣御胞衣被爲納御祈禱御壇料御納御座候右等之御例も被爲在候間

於此御度も御吉方に被爲當候はヽ當社へ御納に相成候樣奉願上度先內

々右申上願上置候旨之事

池　村　兵　助

一參殿　書付持參

伺幷宿番御醫等認一ヶ度に付

飯米野菜料共

銀壹匁壹分ツヽ

八月廿五日

一参殿

御着帯御備御祝義

○一金百疋
○一同百匹
○一同二百匹
○一同二百匹
○一同百匹
○一同百匹
○一銀弐枚
○一金百匹

澤村出雲守
池村兵助
福井次郎三郎
仕丁

御帯加持
清祓
仙沼子調進
御帯親
春日御初穂
稲荷御初穂
内山本尊御備
権典侍殿ゟ

同　断御初穂
○一同三百匹　七日鉾町 神面御備
○一同二百匹　十四日鉾町 同　断
右内山本尊以下者　御降誕之後御返却之節御備
一金五百匹　山本大學權助
一同三百匹　賀川筑前守
一同二百匹　賀川武藏大掾○
右之方御用懸りゟ申渡　産婆
○一同二百匹　御局眞命二人
一同五拾匹ッヽ　同中居壹人
一鳥目貳拾疋
右目錄書上に丸有之分金子御用掛りゟ請取

一香爐　灰おさへ　しんちうさじ
せん香
一まつ香
一燈臺　土器　かき立
銅油差　外箱入
一火打箱　皆具
右内山本尊
八月廿六日　産婆　古市佐渡ゟ
一御使　伊織
明廿七日辰剋表向御着帯被　仰出候如例參上候樣被　仰遣候事
同
一東坊城樣ゟ　御使　河内介
御所勞爲御挨拶奉書拾帖被進候事
同
一參殿　澤村出雲守
下掛り　兩人　仕丁

一御使　若杉陰陽
明廿七日卯半刻清祓參上候樣被仰遣候事　杢
廿七日御着帶御當日
一參殿辰刻　淨衣　若杉陰陽少允
御着帶御當日　御新建清祓之事
左之書付切帋相渡す
正二位權大納言忠能　巳四十四歳
權典侍
藤原慶子　未十八歳
來九月臨月

一聖無動院様ゟ御使　狩衣　大口甲斐守
大炊御門様へ御出張に付御出先へ
御帶御加持御願之事相濟夫ゟ
一御局ゟ御使　同　人
御帶御加持相濟候に付持參御落手之事
一權典侍様ゟ爲御土產左之通被進
はも　壹尾
あじ　五尾　一臺　御酒　壹樽
一爲恐悅四人ゟ獻上　山岡主計
するめ貳連　富しま
雅樂
あさ
一禁中御使　河北左近番長
御調度之御品々持參

一大典侍様ゟ御使　山岡雅樂
御逢　するめ三連一臺御到來
一關白様ゟ御使　士
御逢　するめ三連一臺御到來之事
一今城様に御答禮　宮内
鱧一尾　あし三
一大典侍様ゟ
すもし二御硯蓋
一内山御本尊　守護　澤村出雲守
但目錄之通
一權典侍様御下り申刻頃　御供廻り御　所より
一權典侍様非常附　山田靭負
御逢之事

一桂峯院様御使
御着帯御歡被申入候事
一大典侍様御使
權典侍様ゟ今日御拜領之
銀三拾枚
米　拾石　但手形にゐ
右大納言殿　御用掛澤村御逢にゐ御直に御渡之事
同廿八日
一關白様ゟ御使
昨日御着帯に付爲御歡するめ一臺御到來
爲御答禮　生鯛　一折　二尾
堅目錄　堅脚臺
同

士

一參殿　　澤村出雲守
昨日者御着帯無御滯被爲濟候恐悅申上且
權典侍樣御人未定に付代人ゟ金五拾疋ッ、貳ッ被下候旨也
　右富しまゟ相渡
同廿八日
一參殿　御着帯恐悅　　西尾法眼
同廿九日
一花山院樣大炊樣へ御着帯御歡御挨拶使　　大口甲斐守
一橋本樣　難波樣　川鰭樣　正親町樣　東坊城樣　今城樣　飛鳥井侍従
樣　園樣　柳原樣　大炊前中將樣　野宮樣　勘ヶ由小路樣　庭田樣
萬里小路樣。白川樣　正三條樣。
右之御方樣へ御切紙にゐ以使被申入候事

権典侍殿著帶に付爲御見悦御出被進忝被存候先不取敢御挨拶被申入候事

八月廿九日　中山殿　使

○九月朔

一參殿　澤村出雲守

今晩ゟ宿　非常附一人　下掛一人　仕丁一人　下掛り兩人仕丁　兩人　非番附兩人

中彩色六枚折

一白梅　一雙

一紅梅　一雙

白六枚折　角一ッ不足

一夏景山谷　雪中東坡　一雙
金二枚折　片
一美人剪牡丹
白二枚折　角二ッ不足一
一洗馬　一雙
右御拝借受取候事

一非常御立退之節は御輿脇御先共非常附御使番相勤候事輿丁は澤村方に
ゐ用意申付置候事

吉川文吾
中村主計
藤田縫

右は非常之節早々出勤可仕申渡す

九月朔

一大炊御門様今城様へ御使　大口甲斐守

右は権典侍様非常御立退之節御両家へ御願被　仰入候事

同

一大炊御門前中納言様御出

右は非常御立退之時御宿之義御承知之旨

同

一今城様御使　大崎文吾

同上御承知御請申來候事

二日

一御伺　藤木伊勢守

一御宿　太田伊豆守

一出勤　伊藤左衛門

一同　下掛池村兵介
　仕丁壹人
一御伺　藤木三河守
一出勤　澤村出雲守
一穢物可被埋方乙方　御東上の便所の西之方　間中四方深四尺
一御初湯可被流方丁方　南御蔵之西之方　二尺四方深二尺
　三日吉日に付右之通爲掘候事
一御初湯之水御吉方出町橋之上にて可汲事
　吉日三日
二日
參宿　中山攝津守

三日

一御札御供獻上　　内山淨乘院ゟ

右伏原樣ゟ御傳達御奥向へ出る

御湯之水吉方

今月一日より廿五日まて九月節幷中

甲寅卯の間なり

今月廿六日より來月廿五日まて十月節幷中

乙卯辰の間なり

右之方流水を汲るへし

嘉永五年九月一日　　はれ雄

御降誕後

新宮様御匙

間之町夷川上町住居　太田伊豆守

烏丸二條上ル町　藤木伊勢守

元誓願寺小川東入町　藤木三河守

烏丸御池上町　山科典薬少允

両替町御池上ル丁　高階典薬少属

御幸二條上町　山科法眼

柳馬場姉小路上ル丁　保生院法眼

室町下立賣下ル町　山本大學權助

室町下長者町下ル町　中山攝津守

柳馬場押小路上ル丁　山口大隅守

五辻通大宮西ㇾ入町　西尾法眼

御産科

油小路丸太町下町
賀川筑前守
父同居
賀川武藏大掾

右之書付任例御雜掌中迄差出候旨にて藤木伊勢守持參之事

一土御門樣ゟ御道筋書付出る

口狀覺

御座に付急御用之節被致參勤候往來道筋之義は梅小路村を北へ西鹽小路村夫ゟ西七條村を東ニ朱雀村を北東ニ壹貫町を北ニ松原通を東ニ油小路を北ニ佛光寺通を東ニ烏丸通を北ニ綾小路を東ニ高倉通を北ニ四條通を東ニ堺町通を北ニ堺町御門夫ゟ　御產所ニ

强風雨の節

梅小路村を東へ八條通を大宮通夫ゟ北東へ古御旅町を臺所門町を北へ七條通を東へ東中筋通を東へ室町通を北へ四條通を東へ堺町通を北へ堺町御門夫ゟ　御座所へ

右之通往來道筋に御座候依而以書付被申入置候以上

九月三日　土御門右兵衛佐殿家

皆川將曹

中山大納言樣

御雜掌中

右者御落手夫ゟ御用掛へ御渡之由

三日

一參診　山本大學權助

同

一參診　賀川武藏大掾

四日

一參診　山科典藥少允

一參殿伺　澤村出雲守

參宿　下掛池村
一參宿　宇佐美
仕丁一人
一參宿　太田伊豆守
五日
一參殿　稲荷大西相模

奉願口上
御安産御祈之義は治承二年十一月十二日先代惣官神主秦忠清ニ始而被
仰付其後正和四年四月廿日同秦親氏ニ被　仰付家傳之神符御守神札等
獻上之趣家記幷山槐記管見記にも現然候故以御吉例從先々御着帶之節
に御連綿御祈被　仰付來候間於當御度も御流例之通被　仰付候樣奉願
候以上
子九月　稲荷社權禰宜

親篤

五日

一參殿　澤村出雲守

同

一參診今日高階當番之處所勞に付賴合　保生院法眼

五日晚

一參宿　中山攝津守

六日

一南都春日社　西三位ゟ御祈禱御賴狀出す

但御初穗金百匹入

同

一拜診參殿　山本大學權助

一參宿　香川武藏大掾

七日

一参殿　　　　　　　　　　　　澤村出雲守

一参診　　　　　　　　　　　　山科法眼

一参宿　　　　　　　　　　　　太田伊豆守

一明日ゟ土用入に付御ゑな假埋御吉方土御門様ゟ勘文御頼

御吉方

丙　巳午の間なり

辛　酉戌の間なり

嘉永五年九月七日　　　　　はれ雄

八日

一参診　銀百四十一匁六分　此金二両と一貫五百四十八文
上三方次三人下女一人十ヶ日野菜代
今日自下掛受取候　　　　　　保生院法眼

一同　　　　　　　　　　　　　賀川筑前守

一参宿　　　　　　　　　　　　中山攝津守

九日

一參診　山本大學權助

同日

一參宿　賀川武藏大掾

十一日

一御祈禱御札御供獻上　春日社　西三位

但し飛脚便

同日

一參診　西尾法眼

同日

一參宿　中山攝津守

十二日

御符御札御守獻上

参殿　稲荷社司
御初穂金百疋被下候　大西相模守
同日
一参宿　賀川武藏大掾
橋本樣老女
一同　竹島
一同　澤村出雲守
一同　山本大學權助
一同　中山攝津守
十三日
一參診　藤木伊勢守
同
一土御門樣ゟ御使

今日參　內後刻倉橋家へ立寄御歸之由申來る

一參宿　太田伊豆守

十四日

一參宿　中山攝津守

十五日

一參診　賀川筑前守

同日

一參宿　賀川武藏大掾

十六日

一參診　山科土佐守

同日

一參宿　太田伊豆守

十七日

一參診　山科安藝守

同日

一參宿　中山攝津守

十八日

一參診　百四十一匁六分此金二兩一歩七十文今日受取候　山本大學權助

同日

一參宿　賀川武藏大掾

十九日

一參診　山科法眼

一參宿　中山攝津守

廿日

一參殿　澤村出雲守

同日

一參診　賀川筑前守
同日
一參宿　中山攝津守
一廿日　大坂座摩社ゟ願書出す
一廿一日　同社へ御祈禱料金百匹被下候事
廿一日
一參診　山本大學權助
同日
一參宿　賀川武藏大掾
廿二日
一參殿　古市土佐
一御臨産御催に付巳刻御使　賀川筑前守
自辰刻比少々御催氣　山本大學權助

賀川武藏大掾

太田伊豆守以下は　御用掛ゟ呼寄に相成候事

澤村出雲守

廿二日

一參殿

一正親町樣ㇸ御文被進

一東坊城樣ㇸ同上

御一封御催可相成哉之旨被仰入

廂上下　御使語合

一午半刻　皇子御安產御機嫌克於御母儀無御子細恐悅

一關白樣ㇸ　御文通被進

森岡右京

切紙文　權典侍慶子產氣候此旨宜預洩達候也

九月廿二日

諸大夫青木治部少輔

關白殿

忠能

諸大夫中

御使　同　士

権典｜慶｜
産氣候仍申入
候也
九月
権大｜｜
坊｜｜　忠能
同文
議奏御中　忠御

一三條様
坊城様　御両名にゐ切紙御文被進
　但禁中にゐ御月番三條様御落手也

御使　同　士

一禁中にて議奏御方ぃ御文被進　御加勢町尻様御落手の事

御使　森　宮内

一關白様　御四ッ折被進

諸大夫　青木治部少輔

御月番三條様御落手也

一三條様
坊城様　同上

御使　同　士

一議奏御方同上　御加勢町尻様御預り之事

御使　同　士

右御四ッ折御文面如左一封

今日午半刻

皇子　御降誕候仍御届申入候也

九月廿二日　　忠　能

権大納言殿

坊城前大納言殿

今日午半刻

皇子　御降誕候此旨宜預洩達候也

九月――　　忠　能

関白殿

諸大夫中

今…………
皇――誕候仍早々申入候也
九月――　忠能
議奏御中

一御催御安産等度々御用掛へ御面陳之事
一大典侍長橋両御局へ自上﨟御催之事
以御文被　仰進御用掛へ御渡
一引繼　皇子御安産之事同被　仰進
一伏原様ゟ　御使麻上下 大口甲斐守
右者内山本尊御返却御初穂銀貳枚金百匹御備少納言様御逢にて目錄之
通引渡相濟候事

一關白樣御使種田兵部少輔御悅且宮樣御母儀等御容體委細御尋に付御面會巨細被　仰上候（別段御厚配御使也）

一切紙にゐ兩鉾町年寄ゝ達書如左

御臨產候間神面可申出候仍申達候也

九月廿二日

中山殿

勘定所

七日鉾町

年寄組中

十四日鉾町

年寄組中

同文

七日鉾町

一依招參殿

神面引渡す
御初穂金三百疋被下候事

一依招參殿
　神面引渡御初穂金貳百匹被下候事
一東坊城前大納言樣御出御通
一關白樣
一大典侍樣
一三條大納言樣
　　ゟ御四ッ折被進
一坊城前大納言樣

北組惣代
藤本五左衛門
片岡平七
南組惣代
田邊半兵衛
外池善兵衛
十四日鉾町
年寄組中

御使
種田兵部少輔
御使
佐野雅樂
御代筆也

皇子　御降誕に付混御産穢候仍御屆申入候也

九月廿二日　忠能

三條大納言殿

坊城前大納言殿

一同文

九月廿二日　忠愛

三條――

坊城前――

一皇子　御降誕に付混御産穢候仍申入候也

九月廿二日

修理職御奉行

忠能

萬里小路中納言殿

前右大辨殿

非藏人

一同文

九月廿二日　忠能

左兵衛督殿

御會

一同文

九月廿二日　忠能

權中納言殿

萬里小路中納言殿
右衛門督殿
新侍従三位殿
左衛門督殿

一廿四日御月次和歌依御産穢御理御題は柳苫等冷泉様へ御返上
一土御門様　御出御通り

今月今日　若宮御誕生雑々日時
御ちつけの日時
今月今日つちのとみ　時今
御ほその緒を裁らるへき日時
今月今日つちのとのみ　時今

御湯殿の具を造らるへき日時
今月今日つちのとのみ　時 今
御うふ湯めさるへき日時
今月今日つちのとのみ　時さる
但しとらうの間の流水を汲るへし
御うふかみたれらるへき日時
今月廿七日きのへいぬ　時 み
御うふきぬめさるへき日時
今月廿七日きのへいぬ　時ひつし
但し赤色の絹をめさるへし
御ゑなおさめらるへき日時
來月二日つちのとのう　時むま
但しうたつの間の方へおさめらるへし

嘉永五年九月廿二日　　はれ　雄

右御一紙御直に御請取御用掛ニ御渡夫ゟ御内儀ニ伺濟御治定也

但 御ゑなおさめ御方角うたつの間吉田御治定之事

一勘ヶ由順姫様　御出御通り

一今日午半刻

皇子　御降誕被爲在候に付御吹聴御切紙如左

皇子　御降誕候且大納言殿中將殿被混

御産穢候仍御吹聴被申入候事

九月廿二日　　中山殿使

一條様　有栖川宮　花山院様　此御三方ニは御吹聴被申上候て

相認候事

大炊御門様　野宮様　飛鳥井様　難波様　今城様　三條様　正三條

様　醍醐様　正親町様　庭田様　勘ヶ由小路様　園様　四條様　橋本様　萬里小路様　藤波様　柳原様　河鰭様　今出川様　白川様　勧修寺様　花園様　大典侍様　平戸弁江戸御屋敷　桂峯院様　寂靜院　歡實院様

此外　有馬屋敷　東坊　大通寺　上縁院　三ノ室龍松院幷東大寺一山

無量壽院

京地御家來

吉川文吾　中村監物　藤田縫殿　加村齋造

山田右膳

大坂

一座摩宮　淨照坊　田中靫負　橋本長門　吉岡院　富澤監物　分部相模　河合長庵　島男也

一花山院様ゟ　御使

梅戸紀伊守

一御所ゟ御使

一三條樣ゟ御家來壹人御招之事御使士

一御同所樣ゟ依御招士壹人被差出候處御附紙面之寫を以御達し如左

皇子　御降誕に付先格之通御產家近邊私共組同心貳人夜廻り爲仕且非常之節與力壹人同心五人御產家ゟ相詰候樣申渡置候事

九月廿二日

右御達之趣被致承知候以上

同日

中山大納言殿家

田中河内介

一夜廻り

兩傳奏雜掌當

長谷川肥前守組同心

井上猪三郎

山中又三郎

一參宿

太田伊豆守

賀川武藏大掾
御使　井上主税
澤村出雲守
御使　田口大炊
七日鉾町北組惣代　藏立重次郎
南組總代　中井幸七
御使　橋本攝津守
岡部備後守組同心　尾笹鉞次郎

廿三日
一東坊城樣ゟ
宮樣權典侍樣御容體御伺
一參殿
一本願寺御門跡
皇子　御降誕御歡被　仰入候事
一參殿
御降誕爲恐悅御酒五斤但切手臺乘獻上
右は御用掛へ相渡す
一大炊御門前内府樣
御降誕恐悅被　仰入候事
一夜廻り

一參宿　加藤猪之助

山科法眼

廿四日

一參殿　澤村出雲守

一參殿　大通寺役者　成就院

御降誕恐悦申上金百疋獻上之事

一花山院樣ゟ御使　鯛鱧赤貝　石川伊豫守

爲御歡御肴三種御到來之事

一東坊城樣ゟ御使　井上主税

但大納言樣へ爲御見舞御重詰貳箱御到來

一參殿　座摩社近江守代　櫻靱負

一同　大坂御家來惣代　島男也

慶悦申上候事

西尾法眼
長谷川肥前守組
荒木文之進
井上林之助
一參宿
一夜廻り同心

澤村出雲守
大坂座摩宮社務代
櫻靭負

廿五日
一園樣ゟ
生鯛壹　海老三　赤貝
御到來
一參殿
一同
御安產御祈禱之御札獻上之事
一大典侍樣ゟ
御重組　御飯
右御夜喰被進候事

一銀六十七匁二分　此金一兩と四百文
右上三方次五人下女二人　九月十九日ゟ廿二日中
米野菜代今日受取候
昨廿四日分
一東坊城前大納言樣御出御通り
御七夜廿八日之處依　思召廿九日と被　仰出候旨奥向ゟ被　仰出候
事
廿五日
一女御樣ゟ
御膳　五十人前
爲御見舞御夜喰御到來御用掛幷御使番下掛仕丁此外御内一統下々迄御
配分被下
一夜廻り　岡部備後守組同心
石田寛藏

一參宿　　岡村彌三藏
　　　　　太田伊豆守

廿六日

一參殿　　澤村出雲守

一今日御震殿御緣張出し四帖敷計御七夜諸向御獻上之干鯛箱置處御用掛

取計を以修理職ゟ人夫等相廻り候事

一東坊城樣御出御通り　　山科法眼

一參宿　　長谷川肥前守組同心
　　　　　荒木寅太郎

一夜廻り　　海法恒三郎

廿七日

一參殿　　澤村出雲守

一宮樣御初衣御縫初今日

右御祝酒被下幷和紙貳束ツヽ被下
権典侍様ゟ御品物一包ツヽ被下時刻に相成候得は御湯漬可被下候様御
用掛りに申談置候事
一今日宮様御初髪巳刻被垂上﨟御奉仕代細井奉仕
一若宮様今日未刻御初衣被召上﨟中奉仕今朝御双親女房方七人御奉仕
一御内一統に御祝酒被下候事三條中納言様奥方同御女上﨟康姫様盛姫様御篦親あさ
一今城様御裏方ゟ　御使
鯣　貳連
爲御歡御到來之事
一野宮様ゟ
鱧　ほうく
爲御見舞御肴箱來
一正親町様ゟ

右同斷御文匣之内并外箱入御重詰

壹斗　座摩近江守

一献上　白鹿貳斗　五升　櫻靫負

五升　鳥男也

一參宿　西尾法眼

一夜廻り　岡部備後守組　本間元次郎

江坂虎之助

廿八日

一御清祓　若杉陰陽少允

一御内へ献上御酒貳升鱧赤貝　井之内村庄屋

一參宿　太田伊豆守

一夜廻り　長谷川肥前守組　吉田文之允

小笠原季五郎

明日

御七夜御祝義權典侍殿被下之分

一金三百疋ッ、

一同貳百疋ッ、

藤木伊勢守

同　三河守

山本大學權助

太田伊豆守

賀川筑前守

山科典藥少允

高階典藥少屬

山科法眼

保生院法眼

中山攝津守

西尾法眼

山口大隅守
賀川武藏大掾
御産婆
一同貳百疋　御物書御雇
一同貳百疋　御用掛
一銀三兩ッヽ　非常附 御使番貳人
御局非常附 御使番壹人
一鳥目壹貫文ッヽ　下掛り貳人
一同　五百文ッヽ　預り三人
一同　壹貫五百文　仕丁四人
一金百疋　御箆親
一同百疋ッヽ　中山家 雜掌三人

一同五拾疋ッヽ　同　士　四人
一同百疋ッヽ　同　老女貳人
一銀壹兩ッヽ　同　眞命五人
一金貳朱ッヽ　同　御雇女房五人

一同百疋ッヽ　宮様　御伽衆三人
一同五拾疋　御乳持
一同五拾疋ッヽ　御局　眞命三人
一鳥目三百文ッヽ　下乳持壹人
御局　中居壹人
中山家　茶之間壹人
中居壹人
宮様　中居壹人

一同貳百文ッヽ　下部貳人

御雇女房

一金貳百疋　獻上物御返

御箆親

一同五拾疋　獻上物御返

一銀壹兩ッヽ　兩宮樣ゟ御母儀ニ御使御引延紙料

一同斷　御部屋親ゟ惣女中方ゟ御母儀ニ御使御引

一延紙　貳束　關白樣ゟ御母儀ニ御使御引

一參殿　御降誕に付御禮獻上　大通寺使僧　忍徳院

九月廿九日

御七夜に付御獻上目錄但目六には御名なし竪目六也

禁中樣ニ

干鯛　一箱
御樽　一荷
以上　　付札　中山大納言
同
干鯛　一箱　　中山中將
門院様ゟ
ひたい　一はこ　　中山大納言
同
ひたい　一はこ　　中山中將
敏宮様ゟ
ひたい　一はこ　　中山大納言
同

ひたい　一はこ　中山中將
和宮様ゟ
ひたい　一はこ　中山大納言
同
ひたい　一はこ　中山中將
女御様ゟ
ひたい　一はこ　中山大納言
同
ひたい　一はこ　中山中將
新宮様ゟ
干鯛　一箱　中山大納言
御樽　一荷
同

干鯛　一箱　　中山中將

するめ　二連一折　　田　實ら

するめ　二連一折　　あ　いら

するめ　二連一折　　繼　ら

右

　御使狩衣

　　大口甲斐守

鯣　一折二連

澤村出雲守　　藤木伊勢守

藤木三河守　　山科典藥少允

高階典藥少允　　太田伊豆守

山科法眼　　保生院法眼

山本大學權助　　中山攝津守

山口大隅守　　西尾法眼

岡本肥後守　賀川筑前守
賀川武藏大掾
右之銘々ゟ爲恐悅如先例
權典侍樣ゟ獻上但御品は入魂依之御返しも御入魂之由也
一ひたい　一はこ
一まる久　一はこ
御たる代　金三百疋
以上
右本願寺御門主ゟ
權典侍樣ゟ
一鯣　一箱
御樽代　金貳百疋
右同御門主ゟ
一ひたい　一はこ
御たる代　金二百疋
以上
右新御門主ゟ
權典侍樣ゟ
一干鯛　一箱
以上
右新御門主ゟ

大納言様ゟ　　　　大納言様ゟ

一鯛　鱧　海老
右御部屋親大典侍様ゟ権典侍様ゟ
延紙料銀壹両被下　　　　御使　山岡主計
宮様ゟ
一鯛　一掛　此御引は宮様御車寄にゐ出候由也
右大典侍様御始ゟ
権典侍様ゟ
一鯛　一掛　延紙料銀壹両被下
右新中納言典侍様御始ゟ
若宮様御名
祐宮 佐知

右　御宸筆御直に御寫にゐ役所へ被出夫ゟ一統へ申傳候事

附武家

一　岡部備後守

長谷川肥前守ゟ

右は御七夜爲御悦被致參上忝被存候仍御挨拶被申入候事

一鱧　海老　留島　山岡主計

恐悦申上獻上之事

一　渡邊近江守

參殿御七夜恐悦申上る

女御樣ゟ

一鯛　一掛　御使

御文箱御文匣添此内に金貳百疋入權典侍樣へ給候由御用掛へ御直に御廻しに相成候處又此御方へ廻る

右權典侍樣ゟ

女御樣ゟ　同
一ひたい　一はこ
右大納言樣ゟ
女御樣ゟ　同
一ひたい
右中將樣ゟ
此外御到來御品別帳に委敷記す
一參宿　山科法眼
一夜廻り　岡部豐後守組　本間元之助
岡熊太郎
晦日
一參殿　澤村出雲守
一　上山田村　長兵衞

御酒二斤切手恐悦申上獻上

御使　清　水　杢

取次　橘　久　二　郎

一關白樣江

生鯛　一折二尾

右權典侍樣昨日御拜受物之爲御答禮御獻上之事

一內府樣江

ひたい　一はこ

同斷御答禮御二方樣共目六添

一松魚　十　一臺獻上

權典侍樣御領分

稲荷村　松ヶ崎村

奥海印寺村

右下掛ニ相渡御祝義靑銅十疋御祝酒料貳拾疋ツヽ三ヶ村ニ被下但松ヶ崎村ゟこも獻上之御返靑銅五拾疋出る

右何れも御祝義御用掛りゟ出る

一參宿　　　　　　　　　　　　　　　西尾法眼

一夜廻り　　　長谷川肥前守組同心　西村雄次郎

　　　　　　　　　　　　　　　　　　川島正吉

〇十月朔日

一前內府樣御成

一今日ゟ諸家樣方ゝ御答禮別帳へ委敷記す

一參宿　　　　　　　　　　　　　　　太田伊豆守

一夜廻り　　　岡部備後守組同心　　　後藤與三郎

　　　　　　　　　　　　　　　　　　久田彌一郎

二日

一今日御胞衣納吉田村へ御使番一人仕丁

　　齋場所卯辰之方八間之處奉納鈴鹿石見守出仕云々

一參宿　山科法眼

一夜廻り　長谷川肥前守同心　鹽川駒藏

小谷源之進

一銀二百十一匁二分上六方米野菜料九月廿三日ゟ十月二日迄十ヶ日次以

下は自御用仕立にて度々差出す

一方分三匁五分二厘ッヽ此金三両一分二朱十三文受取候

三日

一花山院前内府様御參

一大炊御門前内府様御參

御賄ゟ御祝酒差上

一東坊城前大納言様御出

一三條大納言様同斷

御賄ゟ御祝酒出る

一御親族様方御出
飛鳥井中納言様同侍従三位様三條新中納言様大炊御門前中納言様同侍従様難波大夫様勘解由小路中務少輔様
右は御客殿におゐて自御當家御祝酒出る
一夜廻り　岡部備後守組同心　鳥居丈右衛門
一　山田嘉三郎
一參宿　西尾法眼
四日
西村靜庵獻銘劔
一夜廻り　長谷川肥前守組同心　鈴木牧太
荒木榮助
一參宿　太田伊豆守
五日

一降誕幷御七夜等御産所へ參賀幷進獻物帳三冊自御用掛差出御落手事

一夜廻り　岡部備後守組同心　八木石之進

西澤辰三郎

一參宿　山科法眼

一今曉寅半剋過五條西洞院東ぃ入南側ゟ出火辰剋前鎮火又巳剋前ゟ再同所出火午剋前鎮火也

御用掛非常附御使番預り仕丁追々參　殿也

一參殿　藤田縫殿

一同　加村齋造

一同　松ケ崎村　庄屋年寄

右出火に付參　殿也

六日

一參宿　山科法眼

一夜廻り

長谷川肥前守組同心

福岡宗右衛門

池田治三郎

十月四日分
來る廿二日巳剋

祐宮御參　內之旨

十月四日

御參　內御道筋之事

御門前を東ニ中筋を南ニ飛鳥井家門前を西ニ夫ゟ有栖川宮御門前を北ニ朔平門前を西ニ御順路被爲成候而可然奉存候以上

十月四日

陰陽助保源

右兩條御世話卿御用掛りゟ御達有之候事

七日

一參宿

太田伊豆守

一夜廻り

岡部備後守組同心

後藤與三治

木村藤三郎

八日

一參宿　山科法眼

一夜廻り　長谷川肥前守組同心　海法吉太郎

大藤綱十郎

九日

一參宿　西尾法眼

一夜廻り　岡部備後守同心　尾笹得太郎

村田乙次郎

十日

上賀茂御乳母出仕三ヶ日食拔事

一　御領分　上山田村　井ノ內村　石倉村

御酒　壹斗切手

右は　御降誕爲恐悅獻上御用掛りに相廻す
御所ゟ三ヶ村庄屋へ青銅三貫文被下之
一平戸ゟ御切紙到來に付栗林仁三郎ゟ差出す
　權典侍樣先達ゐ御着帶御治定被爲在候御吹聽被仰進候に付右御歡被
　仰進候
一御板輿御輿丁看板笠以下各今日自御用掛被差出改受取但使番幷下掛詰
切に付其面々へも預置
一參宿　　　　　　　　　　　　　　　　太田伊豆守
一夜廻り　　長谷川肥前守組同心　　　　永田善太郎
　　　　　　　　　　　　　　　　　　　小笠原季五郎
十一日
御世話卿參上來月御神事中御下之事有內談之旨
一參宿　　　　　　　　　　　　　　　　山科法眼

一夜廻り　岡部備後守組同心　尾笹鉞次郎
　　　　　　　　　　　　　　堀部九右衛門
昨日之一件御用掛へも示談裏町地面等見之
十二日
桂峯院寂静院参上賜謁差一盞
又一日談置御乳醫師共無子細旨申之云々
一参宿　　　　　　　　　　　西尾法眼
一夜廻り　長谷川肥前守組同心　小笠原門之丞
　　　　　　　　　　　　　　松井尚三郎
十三日
一敏宮様　和宮様ゟ
権典侍様ゟ御返し御使無之に付御引銀壹兩貳包下掛福井次郎三郎申出
し候に付今日返却す

一宿番　　　　　　　　　　　　　　　　　太田伊豆守

一夜廻り　　　　　　　岡部備後守組同心　石田寛藏
　　　　　　　　　　　　　　　　　　　安藤悌次郎

一自今朝御乳復本

一澤村へ來月御下御用途之事及内談　女御御下殿　敏宮御逗留之節通致度旨也

十四日

一大典侍樣御上り

一參宿　　　　　　　　　　　　　　　　山科法眼

銀二百十一匁二分三日ゟ十三日迄十ヶ日分

上分六方三匁五分二厘ツヽ　今日受取候

此金三兩一分六百文　大臺所井戸崩れ候に付熊藏申付代とす

一夜廻り　　　　　長谷川肥前守組同心　荒木寅太郎

黒田滋彌

十五日

一参宿　西尾法眼

一　岡部備後守組同心　神保常五郎

高田織太郎

十六日

一正親町少將様御出御通り

一参宿　太田伊豆守

一夜廻り　長谷川肥前守組同心　堤紋次郎

中小路三郎兵衛

十七日

一東坊城前大納言様御出御通り

一参殿　澤村出雲守

一參宿　西尾法眼
一夜廻り　岡部備後守組同心　本間元之助
加藤猪之助
十八日
一參殿　澤村出雲守
一夜廻り　長谷川肥前守組同心　松井常五郎
井上林之助
一參宿　西尾法眼
十九日
一御寢殿西二間へたら〳〵橋掛渡修理職來
一右之所々御大門迄白砂巾五尺計敷滿之事所々掃除之事村方人足申付參
勤六人
一自明日も一人ッヽ參勤

一御當日卯刻庄屋二人御門詰申付麻上下
一來二十二日
祐宮樣御參　内に付供奉參勤
龍口交名
左衞門大尉孟綱　右兵衞少尉源敦義
右兵衞少尉豐臣秀有　左衞門權少尉藤原重慶
一夜廻り　後藤與三治
久田彌一郎
一參宿　太田伊豆守
廿日
保生院出仕に付初伺三河守誘引
一參宿　山科法眼
一夜廻り　長谷川肥前守組同心　鹽井駒藏

黒田滋彌

一修理職出頭御昇降たら〳〵橋出來

十月廿二日巳刻

祐宮様御參　内御行列

六門　御使番　山田靫負　榎原帯刀

仕丁麻上下

六門　御使番　水谷左衛門尉　野村左兵衛尉

鈴木内藏　宇佐美右衛門尉　山根主税屬

瀧口

藤田主税　伊藤左衛門　伊地知主殿

藤林左衛門權大尉直垂　六角右兵衛少尉同

御板輿　輿丁八人

木下右兵衛少尉直垂　岡田左兵衛大尉同

列外 藤木伊勢守狩衣 預り

澤村出雲守狩衣　沓持　雨皮持

列外 山科典藥少允狩衣 預り

同心　同　同　與力

笠籠　同　同　押麻上下　群行

同心　同　同　與力

御醫師供奉之人山本大學權助太田伊豆守兩人ゟ被　仰付候處兩人とも
輕服者に付御内儀ゟ相伺候處今度藤木山科ゟ被　仰付候旨御用掛ゟ申
來候事

右一冊自御用掛被差出

澤村出雲守

廿一日

一參殿

御産家にゐ御用相勤候に付被下分

御雇女房（重立候分）　三人

金二百疋ッ、

御伽　三人

同　百疋ッ、

御雇女房　二人

御局眞命　一人

同　五十疋ッ、

雜掌　三人

御乳持　二人

御里眞命　五人

同　侍　四人

鳥目三百文ッ、

下乳持　一人

宮樣御局御里
仲居　三人
御里茶之間　一人
御里下部　二人
同二百文ツヽ
右明日可被下處御混雜に付今日可被相渡旨にゐ御用掛ゟ請取候事
一勘解由小路順姫樣御出御通り
一正親町少將樣御出御通り
一參宿
山科法眼
一夜廻り
岡部備後守組同心
堤金之助
本間元次郎
廿二日　快晴
一宮樣益御機嫌能御參　內也
一百疋
澤村出雲守

一金貳百疋　　非常附　三人ニ
右者權典侍樣ゟ彼是苦勞無御滯今日御參　内恐悅忝被存御酒肴料とし
て右被下候尤非常附は先例無之故不爲後例旨
一金貳百疋　　澤村出雲守
一金百疋ツ、　　非常附　三人ニ
一金五十疋ツ、　　御用下掛り二人ニ
一金五十疋　　仕丁　二人ニ
右は同上爲御挨拶御里樣ゟ被下候事
一禁裏御所奏者所ニ　　御使狩衣　大口甲斐守
干鯛　一箱　付札　中山大納言
干鯛　一箱　中山中將
祐宮樣ニ
干鯛　一箱　中山大納言

干鯛　一箱　中山中將
同上
すまるゑ　一はこ　田實
すまるゑ　一はこ　あい
すまるゑ　一はこ　繼
右者
祐宮樣無御滯御參　内爲恐悅御獻上之事
干鯛　一箱
眞綿　三把
右大納言殿ゟ
干鯛　一箱
眞綿　二把
右中將殿ゟ

眞綿　　　　二把
右お田實殿に
同　　　　　二把
右おあい殿に
同　　　　　二把
右お繼殿に
以上
御使
右　御所ゟ御拜領之事　　　　山田靱負
一今日御參之堂上方に御湯漬被出其後御祝酒御吸物蛤塚盛重肴沓形餅一
重宛
一大納言樣中將樣田實姫樣愛姫樣權典侍樣繼姫樣逸丸樣永姫樣康姫樣御
帶親順姫樣御祝酒御湯漬沓形餅一重ツヽ被下候事十方分廿差出候事
一當家御家來一統に御祝酒沓形餅一ツ宛被下候事

御用掛迄御禮申上候

一正親町少將様御出

一三種御肴御内ゟ御設にて被進事

一野宮中納言様御出

一東坊城前大納言様御出

一御吸物鶴昨日自對州御到來被用之

今城中將様御出

右御四方兼て申入置御飯も御賄ゟ出る

一花山院様ゟ　御使　檜山大和守

一大炊御門様ゟ　御使　橋本攝津守

一交肴　はも二すゝき一海老五　一折　田實姫様　あい姫様ゟ

一交肴　すゝき一海老三　一折　繼姫様ゟ

一交肴　はも二赤貝五　一折　御部屋親大典侍様に　權典侍様ゟ　御使　伊織

右大典侍様に被進候事

一梶井宮様御使今日權典侍様御上り御歡

一御箆親參　殿宮様御對面御祝酒拜領

一田實姫樣御乘輿也
一愛姫樣　御三方御局へ御參之事
一繼姫樣
一宮樣御家來始御雇御局御家來各參候事
一宮樣御參　内巳刻　御震殿階よりたら〳〵橋段板付御震殿内にゐ御板
輿　乘御權典侍樣御乘添
一宮樣御出輿之節御見送り
大納言殿　東坊城前大納言樣　野宮中納言樣　今城中將樣
中將殿　正親町少將樣
右於御門前北側御見送之事
一御門外北之方御醫師列立
一同南之方列立御見送申上
狩衣　大口甲斐守
麻上下　田中近江介

同　田中河内介
同　加藤主税
御使　山本玄蕃

一難波侍從宰相樣御出
御參　內恐悅御申置之事
一音羽御所
宮樣無御滯御參　內被爲濟候御歡被申上事
一御參　內
掛關白樣九條樣東坊城樣橋本樣ゟ被爲成候事
一若殿樣御參　內
掛關白樣東坊城樣花山院樣橋本樣ゟ被爲成候事
无御先例但夏以來御大病等御世話有之故也
一東坊城樣ゟ
金子三百疋　白銀貳枚　正親町樣御
右大納言殿ゟ　晒壹疋　先例之旨也
右權典侍殿ゟ

右者御降誕前後何角御厚配被相成候爲御挨拶被進候事
御使　大口甲斐守
一今日未刻後御殿引渡唯今引取候趣屆出候事
伊藤左衛門　宇佐美右衛門尉　山田靭負
預り池村兵助　福井次郎三郎　仕丁二人
右引取候趣屆出申剋各退出之事
一沓形餅十五下掛へ入魂御到來外々樣へ被進
廿三日
一宮樣御局ゟ　御使　加藤主税
大典侍樣江
右者　宮樣御機嫌御窺且昨日は無御滯御參　內被爲濟候恐悅被申上田實姫樣御始御上り被成何角御世話に被相成候御挨拶將又當月中以御使役人之內　御機嫌被相窺候御積りに御座候夫にゐ御宜敷哉此段被申入候事

一參殿　大通寺代僧　實法院
宮樣御參　內無御滯被爲濟候恐悅申上る
一本願寺御門主ゟ　御使
右同上恐悅被申上候事
一一條樣ゟ　ひたい　一はこ　竪目六　二枚添
ひたい　一はこ
祐宮樣御參　內無御滯被爲濟候に付左大將殿中納言中將殿ゟ權典侍御局い被進候事
一參殿　澤村出雲守
宮樣無滯御參　內被爲濟候恐悅申上る
一青蓮院宮樣ゟ　御使
宮樣無御滯御參　內被爲濟候御歡被　仰上候事
一御寢殿赤緣疊以下中庭假屋其外所々假部屋之類各撤却又御屛風六枚二

雙中彩色一双墨畫一双二枚折一双半片金一双墨畫今日各返上
愈御安全珍重存候抑　祐宮御世話昨日奉　仰候爲御心得申入置候也
十月廿三日　　聰長
中山殿
廿五　廿六日
自　禁中御疊以下運送御用掛修理職等來鋪設了
一御玄關代自中門往反用廊切妻仍中門內板圍出來
一御座次間押入內幷御湯殿等棚釣出來
一御伽衆部屋二階火用心要に付中庭西北角三帖假建出來
右等豫出來
愈御安全珍重存候抑此間拜談之節
祐宮御退出於御亭之節御待請御設向も無之候而御宜と御答申候唯今女

房面會仕候故御乘添之外從御内儀御供女房無之哉相尋候處何れ三仲間之内一人は御供有之候由に候左候はゝ頓と何もなしにも難成哉賢慮次第には候へとも一寸御心得も可有之申入置候此邊橋本見くらへに可相成御困と令恐察候也

十月廿七日　　聽長

中山殿

右遣返狀

愈御安全珍重存候抑來月　御神事中
祐宮貴亭へ御逗留之儀先達内々申入候處去十三日御書中にゐ云々且
敏宮里御殿御逗留中之趣に候はゝ御請可被仰上幷去秋御内儀之御答之
御一帋へ御寫等相添關白殿へ申入候處委細御承知左候はゝ
敏宮里御殿御逗留中之振合にゐ御賄有之候樣御内儀へ伺定可取計被命

候夫々打合之上去廿五日武傳三條家へ行向委細申談廿六日武傳ゟ附武家へ被申含候に付御用掛賄頭示談之上猶又可申入と存候御申行之通敏宮里御殿御逗留中之取扱に相成候間左樣御承知可給候就而は今日右御逗留之事表向可被仰出候尤從議奏可被申入候爲御承知申入候將又右敏宮里御殿御留逗中之御例之事武傳附武士口向限之事に候議奏には不拘候事に候故從議奏分而不被申入と存候爲念是亦申入候也

十月廿八日　聰長

中山殿

右遣返狀

一有　召參　內右大將被申渡云自明夕御神事に付　祐宮御乳母月事難計且御世話女房差支も候に付爲御逗留中山家へ御下被　仰出由也者（本ノマヽ）申御受○以書狀先御世話又示御用掛了

一御屛風拜借申御世話卿明早天申出自取次可廻申含了

金二枚折　片　墨畫　六枚折
中彩色二枚折　同　二枚折
同　六枚折

廿九日　晴

一有　召參　內　宮御逗留中被免小番旨也不及申御禮光成卿申渡
一御道具類追々運送
一申刻　宮御下御板輿如例權典侍依七十五日同下宿仍旁御乘添也
一眞光院殿自廿二日爲御世話御局へ御上今日御下包輿如廿二日
一宮御列外御世話卿御附添予忠愛朝臣公董着狩衣大門外迄御出向申右京大夫御供來乘輿其禮同御七夜三仲間
一御世話卿へ差一盞　右京大夫へ三種肴吸物一差一盞小四方の足を切六七分計足を付置御用にて來入之時用此臺也　御匙御供伺了御用掛御七右京大夫同所にて差一盃戌刻分散
一使番一人ツヽ常詰下掛同仕丁一人詰番一人等也

一自今夜母公夫人之內一人臥御側
○十一月二日　晴
一中將申含に付東一棟爲神事屋不參此亭○予豐明御點也
三日　霰
一御匙伺　山口伺　○自御世話卿文典侍局傳言醫者不可爲侍事□□御剔可尋御匕事被免樣候事等內示各承之旨申入伺不遲候條者述所存了○忠愛朝臣神事中東中門往反之事届武傳了
四日　晴
一三河守伺非常附之節岡本肥後守詰被　仰付由且去廿七日藤木土佐介宮拜診被　仰出候間時々可伺由届了
五日
一條家節會習禮有懇示御世話卿へ尋之上行向了忠愛朝臣替合在宅候は

ヽ不苦由也
八日
一條殿御父子　宮御參　內に付母儀へ給候ひたい一はこッ、爲御答禮
返上從當家進使
九日
吉田春日社　祇園社　金比羅大權現　淸水觀世音等へ代參申降誕御無
事御禮　北野　幸神世繼地藏　因幡藥師　御香宮等追々申同斷
十日
有馬中務大輔京留主居前田郡八進綠毛龜二頭
十二日
自武傳三條　御逗留中非常近邊之節附武家組與力一人同心二人爲守護
相詰由被達此事有前例之處依無沙汰內々自御用掛令告武家了
一孝順院參上賜御口祝羞一盞園大夫室幷妹來入同上

十七日

自門院御方老女梅田參上賜御肴羞一盞〇豐明兩人出仕に付守護之儀談置于御世話卿

十八日

愈御安全珍重存候抑豐明節會御參に付其間御守護三條中納言可然御沙汰に付今日彼卿申含御請に候爲御心得申入候參上刻限等御直に宜御申合給候也

十一月十八日　　聽長

中山殿

遣返狀頗嚴重之至也

十九日

一今夜丑刻過河原町二條五六軒出火御用掛以下各出勤

一權典侍網代輿取寄置了
廿一日
新嘗祭也　忠愛朝臣依申合參仕自東出立
一實愛卿明日爲守護參上之事來談申剋之旨申入了
廿二日
早朝權典侍歸參　申剋三條中納言入來予中將參役之內爲守護也盞一盞
無御出に付中將內辨昇殿了早出卽三條被歸予二獻了早出
一白米三斗當月二人分自下掛役所へ差出由也
廿三日
一赤飯一蓋　敏宮御有卦入に付御祝被進自口向回之
廿五日
權典侍申半剋下宿　北祭御神事七十五日之中に依也
廿七日

北祭也
一大御乳人參上　小大夫等同上羞一盞
廿八日
早旦權典侍歸參　緣毛龜被備　天覽
卅日
平戸へ遣恐悅之品々
○十二月朔日
一吉田春日社へ參詣申御禮又參一條家花山院向三條東坊城等
一東坊城參上賜謁寒中
一間之町押小路火御用掛當番に付不參上其餘參集
一御世話卿ゟ　宮へ寒中伺生肴獻上卽御品返之旨御用掛申出書附計にて双方入魂之旨也

四月八日也

有　召参上　近々御神樂に付以同子細猶此儘御逗留之旨聽長卿被申渡

仍別段不申遣常詰使番不及宿早朝出仕夕方伺御用有無退出之旨兼示談

今日治定之旨御世話卿被示御用掛使番等へも届之

八日

天仁遠波　御傳授　禁中　門院　女御

飛鳥井等兩人替合参上有召註四日之記

一御取置廿一日　御煤拂廿三日　御學問所奉行修理職奉行非藏人奉行共加勢も有之候

義ニ予不及参上旨御世話卿へ相談仍其上申相奉行了

十二日

兼日有　召參入歳末御祝給日也依　宮御逗留白銀三枚賜之加勢正房卿
被傳以表使申畏
一自御用掛　宮御下中當家々來賜御祝義由傳之
二百疋ッ、　老女二人
五十疋ッ、　眞命五人
五百文　仲居一人
百疋ッ、　雜掌三人
四匁三分ッ、　侍　三人
二百文ッ、　下部二人
十五日
御當座　御傳授申沙汰參仕
廿一日
彌御安全恐悅存候抑被示置候　座摩宮へ

祐宮長日之御祈禱被　仰付候哉之事長橋へ令示談候處御差支無之旨被

申出候可然御取計可給候也

十二月廿一日　　聰長

中山殿

右社務依願兼申入置御用掛へも申入置了

正月計金百疋御奉納之旨也大坂へ下知了

廿二日

向三條黄門新婦初面會及深更

廿三日

自今日實香爲御雇出仕光格天皇末の衆石上也自御内儀被申付今日出仕也食料以下別段被充行旨也

表下段之角東北四帖半計仕切爲部屋屛風一双自禁中回園之

廿四日

有　召予依足痛不參中將有　召　宮來正月中以過日以來之振合御逗留
之旨右大將被示申御受以書狀告御世話卿
一御用掛澤村出雲守ニ爲祝酒金百疋遣之下掛二人ニ一貫文御伽衆三人御乳
一人等金五十疋ツヽ自予遣之牧式部少輔二百疋遣之御下に付種々有内
談事之故也
廿五日
一節分御寶册來　御料又寶香　宮御伽御乳母等へ一枚ツヽ被下當家も眞
命迄一枚ツヽ拜領了
御料は大晦六日十四日等取替了
一自典侍御局御拜借百兩之內五十片は先達被相渡五十片明年之旨に候處
段々必迫に付今年中拜借之事山岡ゟ申入有之候處今日は不被渡旨今日
返答申來
廿七日

大典侍殿參上小時歸參
一十二月二八野菜料百六十六匁四分六厘下掛ゟ差出白米三斗同上
廿九日
ぶり〳〵有白組毬打二玉等載一臺自當家爲歲末御祝義　宮へ獻上室町下
長者町上ル東側木具屋八左衛門調進也二百疋之旨に候處百五十疋にて
申付獻上了旨御用掛へ面陳又以書狀告母儀兼御用掛ゟ御內儀承合之後
如此取計了正三自母儀以書狀御返之旨賜二百疋
一同一組母儀獻上
一同一組但无組自　女御御到來
〇正月十五日　晴
一御世話卿參上賜謁羞一盞　〇竇香依手痛下宿
十六日　陰不雨

一節會ヲ參仕
十七日　晴
一彌御安全珍重存候抑　祐宮御箸始來廿七日御治定當日御膳自御內儀被
廻候御陪膳上﨟代等之事被申出候仍申入候御用掛へも申合候猶又御申
談可給候也
　　正月十七日　　　　　　　　　　　　　聽　　長
　　　中　山　殿
　追申上﨟代從尊公御催宜願入候也
右遣返狀此事一昨十五日自典侍殿當家差支有聞合不差間旨申遣了
一上﨟代おつく申遣了
十九日　晴寒甚
舞　御覽也

一予修理職奉行參集者相奉行へ兼日入魂依
宮御用不參也（昨日參集又同）召之方談御世話卿自巳剋過參上賜御料理退出忠愛
朝臣直參上又賜御料理云々
一大佛馬町三宅宗仙內々伺（當時小兒醫京都第一云々內々伺候事談典侍）
廿日　晴嚴寒
一有　召予已後近習小番參勤被　仰出旨實久卿被申渡承退出

○

祐宮御降誕之儀

嘉永子年四月廿三日權典侍慶子局
皇子懷姙御治定に付巳剋內着帶自五月中旬大病八月上旬快復八月廿七
日辰剋表向着帶以中山家御產所被　仰下卽日逗留九月廿二日午剋過
若宮降誕御七夜依有　思召廿九日被　仰出卽日以

宸筆被稱進御名祐《佐知》宮光格天皇御幼名也依深思召被稱進十月廿二日巳刻御參　内始郎日
主上御對面自同月廿九日爲御養育中山家御逗留御機嫌能御越年

皇子くたりましく〳〵ける日によめる　綱子
けふのほる影くもらねは日の御子の照しますらん天かしたをは

○以下諸入費の件
嘉永五年子十月廿九日

祐宮樣御下里　前日御渡書附貳通之寫

宮樣御下り中一ヶ月合渡物
一池田炭
大拾貳貫目　十日目 四貫目　一ヶ日目 四百目
中九貫目　十日目 三貫目　一ヶ日 三百目

一撰炭　六拾貫目　十日目　二十貫目　一ケ日　二貫目

一燈油　三升　十日目　壹升　一ケ日　壹合

外に飯米野菜料共右奥向之分

一俵炭　拾八貫目　十日目　六貫目　一ケ日　六百目

一燈油　貳升　十日目　六合六勺餘　一ケ日　六勺六才餘

外に飯米野菜料共右御伽幷御乳持之分

一俵炭　九貫目　十日目　三貫目　一ケ日　三百目

一燈油　壹升　十日目　三合三勺餘　一ケ日　三勺三才餘

一飯米　五斗六升七合　十日目　一斗八升九合　一ケ日　一升八合九勺

一野菜料　貳拾壹匁六分　十日目　七匁貳分　一ケ日　七分貳厘　一人分貳分四厘ツヽ

右下乳幷仲居女之分

一俵炭　九貫目　仲居　同上

一燈油　壹升　同上

一飯　米　壹斗八升九合　十日 六升三合　一ヶ日 六合三勺
一野菜料　四匁五分九厘　十日 壹匁五分三厘　一ヶ日 壹分五厘三毛
右御使番之分
一俵　炭　拾八貫目　御伽同上
一燈　油　貳升　同上
一飯　米　三斗七升八合　十日 壹斗貳升六合　一ヶ日 壹升貳合六勺
一野菜料　四匁三分八厘　十日 壹匁四分七厘　一ヶ日 壹分四厘七毛
右下掛幷仕丁之分
一俵　炭　九貫目　仲居同上
一燈　油　壹升　同上
右人足之分
外に桃木　九束　十日目　三束
俵　炭　八俵

右奥口向共日々湯沸用

右之外御世話卿奥女中向御用掛御醫等臨時參上之節は度々認等御賄に

相成候事

○

眞光院殿

御伽 六人

〔附箋〕
上﨟代壹方

中山家爲融通此名目被充候由

御乳持 貳人

下乳 壹人

中居 貳人

〔附箋〕
詰御使番 一人

以上人數不同にても中山家爲融通被充候由

同下掛 一人

御所ゟ相廻候御賄

御伽六人

御乳持 貳人

下乳 壹人

中居 貳人

〆十一人分

當時
御伽 三人

御乳持 壹人

下乳 壹人

中居 壹人

〆六人分也

權典侍様御下り中

女中 壹人

仲居 壹人

同仕丁　一人　〆　二人
同人足　一人

臨時認
御用御參之節
御世話卿
女中方
御用掛り
三仲間
御醫衆
預り

右者認炭油共口向御賄に相成候事
一御服御紙類奥御遣用蠟燭御醫御褒美其外御局に被爲成候節同樣奥にて
御取賄之事
一御合力米　五拾石
右者年中御伽以下末々迄御給銀御祝義物其外奥口向にて及賄難相成品

々御用に相成候事

○

正月

こき板　こきの子　　鴾

三月

ほらかちん青白六十宛入　　鴾

五月

かふと　のし添

暑中　御肴　一折

中元

御挑灯二張御紋付紅白

八朔

藤の花行貝に百宛入　一荷　鰑
重陽
ほらかちん　御ひつ入　杓子添
猪子
つく〳〵の臼きね　鰑
寒中　御肴　一折
御誕生日　御肴　一折
歳末　ふり〳〵　鰑
右當今御例正親町家

三月節句
ほらかちん青白六十宛入　鰑　貳連添
五月節句

御かふと　貳　長刀　壹對　御のし添

土用

御肴　一折

中元

御挑灯　三張　御紋付　青壹　白貳

八朔

藤の花　行器に百宛入壹荷　鰑　貳連添

重陽

ほらかちん　御ひつ入　杓子添

猪子

つく〳〵の臼きね　鰑　貳連添

寒中

御肴　一折

正月

こき板　　こきの子　　鴇添

右先帝御例　勸修寺家

○

追申早々要用而已亂書可被免候也

日々寒威増加候彌御安全恐悦存候抑過日御尋問有之候　宮御方へ年中

御進獻物

正月　ぶり〳〵歳末に上る

三月　ひつなりの曲物御色直し迄胡粉模樣中に蓬と白との餅三十

五月　檜甲御出入木具師にあり所は室町武者小路下る所の樣存候

七月　御紋付提灯　例の大提灯

八月　行器模樣三月に同し中に藤花

十月つく〱

右何れも御出入之屋心得居候由に候御出入方所は失念候御聞繕可給候

先右之樣存候尙又御聞合可給候從過日可申上之處彼是延引恐入候仍言

上候也

十一月十七日　實麗

中山殿

○

一歳末中元以下且年始其外にも年中自御家御用掛始表方　宮女中向以下

へも被下物之邊御品物御目六之類何卒委細に御命奉希上候

宮女中御乳へ自家父金五十疋歳末中元遣候計に候

一年始御用掛以下表方參上之節自御家御口祝御雜煮御祝酒之類其外にも

何そ被下候哉且鏡餅は如何に哉
何も無之候
一年始鏡餅其外にも　宮女中向へ自御家被下候御品等何卒伺度候
何も無之候
一御兩公御始泉山幷御先代御墓參之節は御歸後御掛湯にて　宮御前へも
御出頭候哉伺度候
御書付之通に候

二五十人

中日關係史料－－巴黎和會(民國七、八年)

中山忠能履歴資料　巻三　自嘉永六年六月 至安政元年九月

原朱書(以下同)挿管ハサシデル事此意ハ日本ノ教法ヲ妨ナサジト云事ナラン政禮ノ字ニテ

一　亞米利加大統領書翰　三通　嘉永五年十月六日

亞美理駕大合衆國大統領姓斐《ハ》謨名美《ハミ》辣《ラ》達《タ》

日本國

大君主殿下平安大尊大敬良友乎《ナリヤ》。今特派《シ》本國師船大臣水師提督彼理《ヲ》管《シ》領一帮《クミ》,兵船帶《テ》公書《ヲ》到《リ》貴國境。專呈《ラセシム》

殿下,御覽《ニ》矣。茲面諭《ニ》該水師提督《シ》轉告《ニシテシムカ》朕心久欲《クスル》與《ト》貴國通《シテ》和之眞意《ヲ》請《フ》

殿下敬《テヘ》思。今要《ス》我兩國藉《シテ》與和交之結好《ヲ》兼《テ》立《テント》通商之章程《ヲ》令《テ》欽差彼理來《ラシテ》

貴國《ニ》爲辨《セ》此二事《ヲ》故達《ニ》

君主殿前。吾合《カ》衆國,規矩定例。嚴禁《ス》各官挿管《スルヲ》別國之政禮《ニ》故此明諭《ス》該欽差《ニ》在

貴地之時。不可勞動《ニ》貴所之人民《ヲ》。今合衆國廣大。東西,邊疆。各極《ル》於海《ニ》。在《テハ》西界《ニ》正《ク》對

向日本國若坐火輪船離加理科爾亞省或由呵理于郡駛過平海十八晝夜能到
貴國之口岸也。合衆國之一省。名叫加理科爾亞是大邦土產多。每年出黃金僅四
千萬兩之多。同白銀水銀寶玉等（之一本）物日本亦然富澤。多產寶物其人明曉多藝。此兩（故一本）
隣國互相往來必得大益朕亦爲此要聞高意矣。玆知悉日本國之古例。只准中國
阿蘭國船能通商除此二國之外。不准別船進埠。祗因世間之情萬國之政。漸々多
有改變。古例易新且　貴國初立古例之時。亞美理駕卽名新地球由歐羅巴人離
本處入住此山墾（盧一本）地耕種。在彼長久。人民爲少且貧。迨今民生繁華。貿易年々盛布
各處。量　殿下盡悉倘能改古例以准我兩國人賣買則各伴得大益矣。如若
君主只準古例禁止別國船入埠是照依國法不妨。先試數年。或五年十年間。能知
有利否或因賣買無益。然後仍復古例可也。夫本國與別國立約。亦定數年之尾。若
因兩國不願。再不照新約且我兩國各試暫開港口。嗣後可知何樣也。又諭該欽差
告陳
殿前每年本國船離加理科爾亞駛往中國者甚衆。抑有獵鯨魚船多有常近

ハ不分明トモ癸丑六月二日ノ書ニ云所ト照合シテ看レハ其意明也
平海ハ大平海ノ略也
聞高一作開商

能字下疑脫得字能一作材

貴境此等各船。或遭颶風撃碎在海邊雖船身破人貨兩全朕慮此等之鄙命。因思

貴國官民見此等人船量必安撫恩待仁慈而人物皆保留俟本國船到卽帶歸也。

且憐本國之民亦是五倫之內。豈

君主不知乎。若不及此論。則不快人心矣。且聞

貴國多產煤炭食物繁盛故。諭飭該欽差面告。本國火輪船渡平海去中國。計燒煤炭數萬石其船不能多裝在途不敷足用無從接濟而回本國又不便。所以各船要入

貴國港口買煤炭食物接濟幷取水之便如買物。或將銀錢或以各貨兌之可也。請

君主議指南境一港口能使本國各船暫泊而得買此須物兼打食水此事務。希速卽允准免朕遠望而快心也。今諭該欽差彼理坐領一帮兵船。越

貴國來江戶名京。代爲拜見。述朕敬思我兩國設友意。開貿易俾本國船能我須食煤等物。兼保憐苦楚人民除此事務之外。該欽差別無他意。再船內裝有數件本國巧藝布帛。進呈

弗字疑希謁　全能眞神不可辨

君主收納弗。覽卑物知朕思友眞敬之記願全能眞神保
君主受萬福感聖願哉。
知此公書是實看本國大王璽及書名畫押爲證。
亞美理駕大合衆國京在華盛頓《ワシントン》西國紀年之一千八百五十二年十一月十三日卽壬子年十月初六日封
大學士依斐烈奉勅書

御硃筆

國璽

○

亞美理駕大合衆國大統領姓斐謨名美辣達

日本國

大君主殿下平安今《ナリヤ》朕一心全賴《ル》本國師船水師提督彼理《ニ》是見識端正才能之
臣。故特《ニ》派《ニ》勅賜《ヒ》之欽差全權《ヲ》代《リ》大合衆國《ニ》來《リ》
貴境《ニ》而同《ク》
大君主所派全權之一二臣等《ト》齊《ク》議《シ》定《テ》意《ヲ》鈐印《セシム》兩國
和睦《シ》親《ク》通商《スル》駛《テ》船《ヲ》進港口《ニ》。且有條約章程及《ヒ》各緊要《ノ》事務。均屬《ク》該《シ》全權等《ニ》彼此辨
理。嗣《セシム》後《テ》該欽差彼理刻奏候奉朕《セハ》與公會大臣議《シ》定《メ》允旨批准《セン》
亞美理駕大合衆國京在華盛頓西國紀年之一千八百五十二年十一
月十三日是本國立政之七十七年卽壬子〔年一本〕十月初六日書名書押鈐印《ヲ》
爲證《ト》

御硃筆

大學士依斐烈奉勅書

國璽

〇

亞美理駕大合衆國欽差大臣兼（管一本）官本國師船天竺中國日本等海水師提督大臣
彼理爲申陳事切本欽差現奉
本國大統領欽差全權便宜行事。坐領一帮師船來日本國境呈求
大皇帝殿下請議兩國和睦之條約。奉上
吾君主公書幷本欽差勅書此二書現已鈔寫英字啊囒字漢字等書錄呈
御覽此二書之正稿。理合固封候召見之日面呈大皇帝備閲。幷特奉面諭轉告
吾君主覺思於
陛下慰和之意故因
吾君主久聞合衆之民自心要投

三船許多ノ委曲一段明白ナラス蓋シ夷船ノ日本濱邊ニ漂到シテ刧奪セラレ或ハ薪水ヲアタヘズ逐出セシ等ノ事アルヲ指シテ惟委曲ノ二字ヲ用ヒワザト明ニ言ハス此事ハ恨ヘキ事ナレ共夫レハサシヲキト云意ニテ今捐ト云シナラン

歐羅巴國ト同盟ナラスト云ハ邪宗ノ同派ニ非ルノ言ワケ也不管本民之敎トハ邪法ヲ弘メル意ハ聊モナ

貴地或被狂風漂至海邊該民等被貴處官民見之如仇敵。故
吾君主心甚憂慮。今捐《スツ》〔原朱捐一作指又一作措〕數年前有三船名叫嗎唎嗹唻嘟唻嗹吐等人船漂到海
邊皆受許多委曲等由本欽差奉諭面陳　殿下。幷請　愈允定約。嗣後遇有合
衆國人船漂至海邊或被狂風吹進港口。不得以仇敵待之。且有貴國之船或遇
風壞抑漂流本國口岸者。常多資助回籍。況西國於本國官民都知人倫爺孃之〔孃一作蘇〕
道。皆可保船壞人亡者。此等之事亦求〔抑疑捐譌〕
鑑察。且本國與歐羅巴各國無結連之盟。而本國律例。各官不管本民之敎。何況
能亂別國之政乎。先三百餘年歐羅巴初到　貴地之時。入住本山墾土迨今立
大邦在日本歐羅巴之中。東西東海歐羅巴人早往在東。如今民生滿地。流沿至
西邊。正對日本如坐火輪船渡平海十八日或二十日能抵
貴境。現在天下貿易。年々繁盛。而
貴國海口。船亦甚多倘若《シモシ》
貴地官民不抱合衆之民當仇敵者。

シ畢竟商賣一向キト云意也我邦邪宗チ悪テ異國ト通商チ絶シ事チシル故ニ此ノ如ク筆チマハシテ云ナラン前ノ挿管ト同意也

拖字可疑當作把

アメリカハ歐羅巴ヨリ開クト雖モ今日ニテハ共和政治ノ國ハ自立シテ歐羅巴ノ命チ受ス其教モ用ス當今ノ事情チ熟知セラレハ古ノ外交チ禁セラレシ時勢ト粗違アルチ知

吾君主要與
大皇帝兩國立定和約況
貴國初設律例禁洋船進港口之時。是智政明戒。今我兩國隣近。願先往來甚易
現今時世不同不能依智政照古例之戒。本欽差思念
陛下亦覽知現在之大概情形。順此誠寔立定和約。兩國免起衅端。故先坐領四小
船來近
貴京而達知其和意。本國尚有數號大師船特命駛來未到日盼
陛下允准如若不和。來年大帮兵船必要駛來現望
大皇帝議定各條約之後。別無緊要事務。大師船亦不來。且有
吾君主和理之公書。候指定何日面呈
御覽明鑑
大皇帝九五至尊。福壽無疆。須至陳告者
癸丑年六月。二〔初一本〕日

ルヘシ然ラハ例ヲ破テ通商スルトモ祖法ヲ妨ストス云意ナルヘシ

亞美理駕大合衆國欽差大臣兼管本國師船現留泊日本海水師提督彼理爲

申陳事。奉本國

大統領欽命（鈐印一本）全權。便宜行事。議和立約要同

貴國欽命一大臣商議定於何日何時來京面見

大皇帝將

本國主公書及勅書之正稿二件謹呈

御覽候飭一大臣早定日期可以互相議明肅敬候此崇安。

癸丑年六月初七日

敬啓者今從來公書一封內。許多重大緊要之事。乃連及

貴國故要謹愼商量之定。希

貴國大臣等諒必議擬長久各條。本欽差甘心候來年春季帶各船來江戸海候回

音然後全望。能使立約我兩國永和睦也特此佈啓。順候同喜（同一本作日恐同之字誤尤闕字）

同一作日

欽差大臣水師提督彼理横文在ニ本國火輪船蘇士貴《ソスキカンノ》罕船江戸海ニ（本書ノマヽ）

癸丑六月初八日

蒸氣船ハストムシキツウト稱ス此ニ稱ル所ト異ナリ

二　夷國船渡來日記　二通　嘉永六年六月

「嘉永六丑年六月

夷國船渡來日記寫」

日記

姓名不知

○六月三日　夜九ツ時頃浦賀奉行井戸鐵太郎（任官之名元聞）より今晝後異船四艘浦賀表ゟ來著之由勢州玄關ゟ申置直に御用番備前侯ゟ衞届書持參之由

四日　高田侯ゟ參り候手紙之由寫之置

仕立飛脚を以て申上候然者只今異國船四艘當港沖ゟ走來直に當御番所

ゟ追船出湊口ゝ掛船仕候然處追々來候船有之趣只今又々御注進有之候
尙相分り次第追々可申上候以上

六月三日申上刻

紀伊國屋伊兵衛

〿

今日七家ゝ御內達警衛被仰出候よし

御殿山	松平越前守	鐵炮洲佃島邊	松平阿波守
御濱	松平讃岐守	本牧	細川越中守
大森町打場	松平大膳大夫	高輪邊	酒井雅樂頭
深川邊	立花左近將監		

今夕浦賀與力香山又藏來著申上候由

五日　備前侯御渡大目付堀伊豆守觸出し

今度浦賀表ゝ異國船渡來に付萬々一內海ゝ乘入候義も難計候間左樣之

節者芝邊ゟ品川川崎屋敷有之萬石以上之面々者銘々屋敷相固候心得にて罷在候樣無漏脫急度可被達置候事

彥根河越等兩家人數今日出張但し貳番手三番手也

六日　朝五ッ時過某參り話之趣認置候　去る三日浦賀栗濱にて與力同心鐵砲ためし罷在候處午後押送り舟馳來り只今三崎沖ニ異船見へ候旨注進付一同相急き御番所迄引取候處最早同所沖ニ蒸氣船二疾風之如く乘入間もなく軍船二艘も乘入諸家番船注進舟共壹艘も間に合不申候よし當番與力通詞早く乘付候處中々乘船致させす漸く與力通詞一人つゝ乘入候處異人とも鐵炮にて取圍申聞候は亞墨國王より將軍家ニ書翰呈上之使節船に付奉行ニ直に取次可申旨申付候當所は外國通信之場所に無之長崎表ニ罷越差出候樣申聞候處其儀は兼ゐ心得居候得は夫にては手間取候のみにて不相分候間當所ニ乘入候使節之義故是にて不受取候はゝ直に江戶表ニ乘入差出可申夫おも相支候はゝ覺悟致し可申乍去戰爭

中にゐも書翰受取候樣相成掛合向へ候はゝ此船印立候て參可申左候は
ゝ差控對談可致趣にて小旗二本相渡日限取極早々挨拶可致旨申聞候段
四日夕刻香山又藏飛脚船にて來著申上候由奉行屆書も大略右之通之由
也
夕刻同人參り內談今日御評議御評定所一座向より相初り大目付御勘定
奉行御目付と次第有之其內評議二分れに相成勘定奉行之說行われ書翰
受取と決し浦賀奉行井戶石見守家鐵太郎事御下知書を以被仰渡候
書翰可被請取候尤御國體失ひ被申間敷候
右之通被仰出御前ゟ被召出退出候處又々本舟を以被召出兩度之御前有
之殊に御心配之御模樣に伺候尤右之大變今日初て委細に言上と承候
浦賀奉行今日卽刻出立被仰出候處御勘定奉行兩人にて彼是取なし明日
中の出立に相延し候由○御目付戶川今朝迄打拂之一圖に議論之處午後
より諸向之模樣を見合一言を發せす候由反覆可惡○御目付鵜殿一名之

書面差上正論を貫き候由此人平生正直也可愛
今夕剋蒸氣壹艘觀音崎ゟ内海ヽ乘入本牧邊乘廻し候趣注進有之右に付
夜四ッ時頃急登城有之同夜八ッ過頃又々登城曉に到り退出
昨日より夷人小船にて處々乘廻し上陸も致し候よしバッテイラ二艘先
に蒸氣船引續内海ヽ乘入測量いたし候よし

七日　今曉諸大名閣老宅ヽ御呼出し右者警固御内命之よし七家急用意昨
夜より今朝之混雜不容易○今朝より諸家武器之運送市之如し御成道武
器道具や市之如し一朝に大利を得候由
今夕七ッ過福閣駒込ヽ出かけ夜九ッ頃歸宅之由其節大筒貫目以上百挺
御備渡し御直約之よし且出陣御餞別として御著具壹領御送りに相成候
由福閣面色土之如し
今夕剋に井戸出立

八日　今日ゟ御評定手强く相成書翰受取渡之節萬一異儀候はヽ四家一時

に取懸り可打崩其節者浦賀にゟ相圖を上け諸家一同相發候旨一決之よし細川先勢二番手迄出陣千五百人餘と承り候本牧陣屋一萬餘水戰を主とし大銃少々持參之よし題目の大旗上へ九曜之紋を付候壹本本牧之鼻ゟ立置候由此備の本評判よろしく候

毛利先勢大森ゟ出張町相場大筒御借渡に相成候由　諸向ゟ御達し書出ゟ備前侯御渡　此度浦賀表ゟ異國船渡來に付ゟ者御警衛向其外夫々御世話有之候得者銘々にて心得方可有之事に候

右之通萬石以上之面々ゟ可相觸候事

六月

同前異國船萬一内海ゟ乘入非常之場所へ注進有之節は老中ゟ八代洲河岸火消役も相達同所にて平日之出火に不紛候樣早半鐘を打出し右を惣火消屋敷にて受つき同樣に早半鐘打鳴し可申候

右之通火消役ゟ相達候間火消屋敷にて早半鐘打候て諸向とも御曲輪内

出火之節之通相心得登城又は持場にて相固候樣可被致候尤火事具著用之積り可被心得候且又右に付場末迄は早半鐘行屆間敷候間萬石以上之火之見櫓有之面々其節之限り早半鐘打鳴候樣可被致候

右之通可被達候

六月

右御達し出候後者上下一統洶々之事

九日　今日異船久里濱ゟ呼寄上陸にて書翰受取也九ッ前に相濟與力小笠原甫三郎注進に來る尤飛船也請取之節模樣風聞左之通

久里濱に百疊敷之小屋出來兩奉行野服にて床几出席下曾根邊兩人左右ゟ侍居與力同心劒付筒相携高崎流備奉行之後に侍立又對席ゟ上官之坐を設夷人蒸氣船二艘にて來り十七八町沖にて大炮二發いたし小船十三四艘に乘移り六百人計り上陸す（或は三百人とも云最初對談は上下二三十人位之積り大勢に付一統驚愕之由）上官席に至ㇾ壯年雄偉之好男子といふ終中眼にて相對す書翰受取終り追ㇾ返

書受取に來る趣相約す尤其節他人を差越候間海路爲心得兩三日測量致す旨申置歸舟す行列に笛大皷を用ゆといふ歸船終りて船中にて大炮拾四五聲連發すと承る不法之振舞といふ可し右大炮連發之後又々船かゝりの處歸り夫より直に觀音崎を乘越し夏島本牧之間之沖に滯船之由

今夕同海へ乘入候間注進來る五ッ時過登城福山出陣之用意或は若年寄本多ともいふ火消役は馳付之馬役門内に控居丸之内辻に人立有之不容易模樣に相見へ候終夜武具運送不絕諸家之早打往來はけしく

十日　酒井雅樂頭先勢高輪は出張○松平讃岐守人數御濱は出張立花左近將監人數深川永代寺は出張○今日蒸氣船壹艘本牧ゟ乘出し大師河原羽田前迄來る夫より揖を持し富津邊まて乘廻し本之滯船之處は歸り候由御使番大森邊まて乘出し有之市中之者品川高輪は參り遙に異船と量山（本ノマヽ）と云

今日越後高田侯ゟ大筒三拾貫目十三貫目五挺獻上今朝伺出直に相濟獻上之上直

に御濱（本ノマヽ）へ由

十一日　御目附堀伊織出立　今日異船四艘共出帆之由實否未詳

十二日　御目付松本十郎兵衛出立　今朝異船退帆

十三日　御達し書出る　浦賀表へ渡來之異國船昨十二日退帆致候間諸事平日之通可被心得候尤非常手當之儀心弛之筋無之樣可被致候以上

六月十三日

松平下總守在邑之處今朝出府○松平肥後守國許之人數五百人計り今日出府

十四日　高松姫路其外諸家人數追々引取之由

○今日夕剋異國書翰相携井戸石見守歸府右書翰浦賀通詞にて大略反譯出來之由卽刻天文臺役人御呼上反譯被　仰付候由也何等之儀認有之候哉承（不脱カ）り候

三日より六日迄聞見書

三日　未之刻蒸氣船二艘軍船二艘急速に乗込千代崎御臺場を乗越觀音崎近く乗入蒸氣船にて小軍船二艘を引來る其速なる飛か如し諸方注進船を乗越入津す三四里前より火を消し只餘炎にて來り候浦賀與力島三郎介口原伊三郎當番に付乗出し兼而異國船入津之場所ゟ乗込過るに付引戻候様申斷候得者御考定よりは餘程乗込かゝり船仕置由尤御臺場之筒先を盡くさけ碇を下し御臺場之大炮一ッも用に立不申由早通詞二人與力同心二人罷越入津之趣意相尋候處此節アメリカ之國出帆之義者我國王之命を受國元ゟ日本國江呈し候書翰持參候也何卒此書翰を呈し候様とて如何　立派なる封印付之箱を見せ中々下輩之者江者相渡し候事相成不申候間大官之者請取に被參候抔申候に付從古來浦賀表は異國船入津は國禁有之候間肥前長崎江罷越候て差出候様申斷候者兼而其儀者承り候得共浦賀江罷越用辨いたし候様國王之命也汝等とても國命なれは

如何なる制禁之場ニも行不申事若此處にて受取無之候はゝ直に江戶表へ罷出可申若江戶表にても差上呉不申候へ者深き存慮有之由憤然として申候に付不得止事左樣なれは早速江戶表ニ伺出命令次第にて返答致候や申候處彼等申候者江戶へは往來半日にても相辨早速返答相分り候樣致度由申候に付此方答に中々半日にて往來相成不申尙又左樣之儀者夫々役方之手を經伺に相成候義故日數も掛り可申樣申候處彼申候は本國を發してより日數多く相掛り又玆にて空しく日を送り候樣にては差支候間早速返答承り度申候付成丈急き江戶表へ申越候樣可致候得者五日位は掛り可申段申談候處五日位は無是非相待可申候得共江戶より之返答次第深き存慮も有之由申候扨又右に付滯船中薪水乏敷候て差支候間可申旨申處此度本國にて萬端手厚く用意何も不足無之候間無心等不申由答候由彼等申候者我近邊ニ人を近付くは堅く無用也此事能々禁し呉候樣若制禁不行屆候て此方にて乘寄候者存分に成敗可致抔大言申出

候右に付此度は番船等一圓無之候由船之大小兵器之員數乘組人等承り候は常例之義に付承り候處左樣の筋其方にて承り候共無益又此方にて申候も無益なりとて一切相答不申由

蒸氣船軍船見積にて間數三拾七八間位人數三四百人位大炮廿三挺船は惣體鐵板にて重ね張候はり上をチヤンにてぬる大蒸氣之方將官之居船にて此船にて總て之掛合向もいたし候此船二拾貫位十八貫目筒位有之外一艘之蒸氣船は右船より少し小ぶり也外軍船二艘大炮二十五挺ツヽ人數多寡相分り不申候先年參り候船よりは少し小ぶりに御坐候然處戰爭に者手ころ之由に御坐候

北アメリカの内ホストン メヨリ之間にある國也都府をワシントンと申よし

蘭人體の者一人又日本詞を遣ひ候者一人乘込右兩人にて掛合向少しも無差支通辯いたし候由尤日本詞を遣候者容貌顏色アメリカ人に無相違相見候由

右四艘之船何れもハッテーラてんま舟之事七八艘位有之五日には右之ハッテーラにて處々こきあるき已に江戸近く迄測量をきわめ又川越持觀音崎御臺場にて圖に取其上陸せんといたし候を役人立花色々なため漸々歸り候由只今者江戸之命令を待候間格別之亂妨もいたし申間敷模樣次第如何之事仕立候も難計是迄異船之入津とは事かわり此方ゟ申候義一切受取不申彼等却而落付候謀事も定まり候樣子に御坐候是まて入津之異船大炮一發にても伺届之上いたし來候處此度は更に掛合無之薄暮一發四ッ時位に一發曉に一發晝四時に一發何れも將官之船にて放ち候殊に六日早朝は大炮連發いたし候空炮には候得共人々驚愕いたし候事傍若無人之振舞に御坐候

兼而江戸表御內意には彼の氣に中る事あらては自然禍患を深くする道理兎角やわらかに穩便專要に可致たとへ夷人少々上陸し民家等へ立寄候とも格別之亂妨無之は決して手さし不致候樣且又番船等差出し彼の

氣を激しては宜からす專ら陸地を守り候樣之御趣意に付猶又彼は我意相募り不法之振舞も段々有之樣子に見へ申

江戶表御內考にて浦賀表萬一之義有之候ては不容易事に付此事兼々御患被成候樣子夫故浦賀にても厚く氣を付異船之扱ひは腫物にさわる樣に致居候由此度四艘入津は出し拔にて無之兼而相分り候義に付江戶御了簡には當時奉行戶田伊豆守老輩にて物なれたる人故やわらかに詞を作り事を扱ひ穩便之返し〔本ノマヽ〕樣との御內意の由併此度は是迄同樣之見込にては中々事濟申間敷却而過之基此方にて餘り手弱く出候故自然彼等不法之働多く相成候事相見申長歎息之事

兼而前文申候通御差止にて番船壹艘も不差出浦賀より江戶まての海上異船自在にこきあるき海岸防禦之兵卒とも只見物するのみに御坐候夜中は異船も用心嚴重にてテンマ舟を不殘おろし四艘之大船を取卷警固いたし候由誠に船中號令行屆候事に承り候

是迄異國船之義者格別上之御心配に不相成ヶ條のみ五六分も申上跡半分不申上候儀に付異國之情實不相分自然上にては格別之事は有間敷とのみ思召之由壅蔽之風俗可歎息事候此度夷人之振舞我國古來未曾有之大恥辱に人々憤激いたし打拂之命早くあれかしと相待候事に御坐候
六日午剋異船テンマを六七艘はなし所々乘あるき其内三四艘江戸之方ゐ向て發候此間半里計りを隔て蒸氣壹艘又江戸之方へ向へ發す陸上之兵士只手をつかね見物するのみ漁夫小民まて恐懼憤激せさるはなし暫ありて浦賀役船二艘井伊家之舟壹艘跡を追て漕出す指留候やの樣子に相見へ候得共更に不聞終に猿島を過夏島と本牧之間に滯船す本牧ヶ崎も品川まて六里にたらすと云

六日　晴天蒸暑如烘同道三人夜行早發浦賀に至る鴨居觀音崎之間山に登て異船をのそみ夫より浦賀與力某なるゐ行き同人より聞所なり其外問答ありと云共略す同人者頗氣慨之者問答之間共扼腕憤激し又大息流涕

する耳

○

「嘉永六丑年六月

異國船渡來略記」

○北アメリカ洲共和政治　ワシントン人名也
此人の開きし國也

右國篤實の人を見立王にする國也

二三年以前チランタより書翰を以日本國
國内の○島に石炭置候場所相願候國也

但青白の
横棒端角
に地赤く
如圖物有

如斯印いくつも付有之

○當所御奉行戸田伊豆守様へ御本家戸田采女正様ゟ人數百三拾人異國到
來爲見舞命とも進上被致候事

右異國船書趣當濱より御受取に相成書翰通に阿蘭陀に遣候此度も受取

候事と可申聞候處不承候由

○壹萬里之里數十四日に來り候由日本之眞下に當る國也

異國船書翰持參いたし當浦にて御受取無之候ハヽ者江戸表ハ持參可致と

申也段々御評議之上當浦にて御受取に相成候積り御場所之分者栗濱へ

陣取出來四家樣之警衛爲御整御受取に相成候よし多分明日か明後日に

者遲くとも御受取に可相成樣噂浦賀御奉行御受取樣之事

○ゲベル組四十五人御受取之節栗濱へ出張

○樂書壹度ッヽ有之大鼓《ツヽミ》笛色々之内唐人笛大鼓何歟引物有之候樣子

○晝夜壹度ッヽ調練は有之大鼓相用當國之調練同樣也

○衣服壹人に付百枚位所持いたし居候大船白衣

○昨夕浦賀御奉行井戸石見守樣江戸御出立夜通し今日御著之由

○一昨日蒸氣船壹艘と小船おろし淺深はかり〳〵杉田浦沖へ罷越候事

一當浦入津之節蒸氣船壹艘ッヽにハ小船之方壹艘ッヽ寄來候事

一下曾根金三郎樣昨日異船ゟ御乘込御書翰愈御受取挨拶浦賀奉行御名代
　に罷越候事
一毎日大炮壹度ツヽ相放し候事
一異船大炮二十四挺位玉目六貫目又者十貫目
　巡　　　　　應接乘組ゟ異國船乘込候事
　巡蒸氣船　　和蘭通詞　　堀達之助
　　　　　　　　　　　　　立石得十郎
　大將巡蒸氣船通詞此船に乘候也　唐通詞　　エイカリ答事
　巡
一異船へ日本通詞和蘭通詞唐通詞いつれも乘合罷在候事と挧〔本ノマヽ〕能く相分り
　候事
一上官は壹人乘合候に付上官の日本人に無之候ゟ者相談不致旨申之
一異船入津通詞參り候處ヲマッチハドユダヱ浦賀行と申候事
一彥根樣御臺場下ゟ小船にゟ參り淺深等相量り候に付御同家御家來押送

りにて參り歸り候樣手まねいたし候得は劔拔おひやかし候付浦賀ゟ申出領分ゟ參り候三ばん此處不分三ばん不法に付打拂可申と申上候處いつれも一昨日御老中牧野備前守樣ゟ御書附いつれ穩に取計可然樣被仰渡候事

一浦賀御詰合衆中野裝束之事但書翰受取渡し節は陣羽織著用致候分は餘り形樣に付此度羽織之事

一浦賀町家者諸道具在家ゟ送り遣し候者も多く有之旨候

一戸田釆女樣より浦賀御奉行ゟ御加勢御人數も野裝束之事

八日朝浦賀著之上九日出之來狀之寫也

六月十五日

啓二郎

友次郎樣

政助樣

六月七日

御殿山　松平越前守

鐵炮洲佃しま　松平阿波守

本牧　細川越中守

大森　松平大膳大夫

高輪芝　酒井雅樂頭

右之通場所固被　仰付

浦賀表御用

戸田中務大輔

松平十郎兵衛

堀　織部

御徒目附　四人

細川越中守

異國船内海ゟ乗入候義も難計候間本牧邊へ人數可被差出候且又松平大膳大夫大森村大筒打場ゟ人數差出候樣相達候間可被得御意候

右同斷

松平大膳大夫

右丑六月七日旅　御殿被　仰渡

石河土佐守
海防掛　松平河内守
川瀬左右衛門尉
竹内清太郎
岡田利喜治郎

異國船萬一内海江乗入非常之請〔場カ〕合注進有之候節は老中より八代洲河岸火消役江相達前々より平日出火に不紛樣早半鐘を打出し右を惣火消屋敷江受繼候處早半鐘打出し可申右之通火消役江相達候間火消屋敷にて早半鐘打候はゝ役向共御曲輪出火之節通可被相心得候
城夫々持場之義相固候樣可被致候尤御事具著用候積り可相心得候且又右に付而者場所邊は早半鐘行屆不申候間萬石以上火之見櫓有之面々其節限り早半鐘打可申樣可被致候
六月

江戸より御返翰之寫

國主之書翰及ひ政府之使者とも受取之ぬ〔マヽ〕捧たきもの也此處は外國と應説の地に非すといへとも長崎ゐおもむくへきのよし幾度諭すといへとも使命も恥しめ一歩立へき旨□き□□立度趣使節に於いては心を得さる事なれ共我國法も又破難し此度者使節の苦慮さつしまけて書翰を受取といへ共應説の地に非されは應答之事におよはす候趣會得いたし使命を全くしすみやかに歸帆可有もの也

嘉永六丑年六月九日

丑六月三日著十二日退帆

北アメリカ共和政治

蒸氣軍《スチームフレカツト》船名號

シユスクイトンナ

將官

ベフエルヘソブル爵名フランキリン、ブカナン

フク將

セフラアン、デンアドミラールスユタフ

士官頭

アジンタントフアン、デンアトミラ！ルヨリハコンチー

蒸氣軍艦

ミスシスシヒー

軍艦

プリモウツ

同

サラトカ

異船ㇾ被下もの

錦繪　五卷

吸物椀　五十人前

うちは　四十本

きせる　五十本

には鳥　男計百五十羽

玉子　千

〆

異船より獻上之品

木綿　八十反

酒　二十四本ふりすゝ入

砂糖　十二斤

右者江戸ㇾ御廻しに相成候趣外に浦賀組與力香山榮左衛門被仰説《シウ》禮

に異木綿かは袋等於御番所に御燒捨に相成

下曾根金三郎門人ゟ申越候文通

一筆呈上仕候私共昨日八時過浦賀ゟ著直樣海岸ゟ參り一見仕候處兼ゐ風聞之通軍船四艘眼前に見下し能々相屆申候則別紙模樣相認入御覽申候尤去る三日九半頃突然と浦賀に相見候に付手早く端舟御差出御掛合御座候處異船申候者此度者江戸表へ參り候積り故御世話には不相成との事强ゐ御差留候に付異船より封筒壹つ差出取次呉候樣申聞若取次不申節は一戰可致旨申候に付强ゐ相賴四日之日延にゐ公邊ゟ伺に相成候よし風聞御坐候いつれ私共明日迄逗留委細樣子承り歸鄕之積りに御坐候其節巨細可申上候得共幸便に付荒增申上候以上

六月六日　晝時出す

北アメリカ洲之內

ワシントン地名　　軍船　　廿艘
内
フレカット船　　二艘
但長さ六十間計
火門　　二十八口
蒸氣船　　二艘
但長さ同斷

右四艘海岸を離るゝ事凡三十丁計りの所に船かゝり尤四艘も十丁計も離れ居候乘組の者數をしらす但日本人蘭人淸人交り居候由通詞は日本通詞有之候通辯いたし候よし今日より筆談に定し由に御坐候
右荒增聞取候丈申上候アメリカ願之趣意者矢張交易願之由尤御卽答には參り間敷故追々御返答伺候出直し可申旨に付來春阿蘭陀より御返答之積御達之處夫には及不申往反日數二十四日にて渡海いたし候而來八

月可參旨夫とも樣子により來寅三月可參右アメリカ者國王無之三十六將にゐ往居候事故八月渡來之節は一同爲揃三十六艘者是非可參旨申候よし其節御珍事に可成と申候

公儀にも日々御評議人々には退出も遲く兩三日前溜詰ゟ御同評にも成候由萬端水戸御隱居御相談之由餘委細者外々より御聞取と不申上候

浦賀奉行陣立

旗二流但與力同心　加勢人數鐵炮二十丁 弓二十丁　長柄　二十筋

戰道具具足二領　戸田伊豆守陣笠羽織 小袴　騎馬頭供

戰道具

井戸石見守　御鐵炮方 下曾根金三郎　鐵炮組召連

異國船渡來風聞書寫

一急船一筆啓上仕候然者今日八半頃異國船四艘當港ぃ入込互に早船にᡊ乘付先碇を下け候得共是迄とは違四艘一度に參り候事扨々案外騷動に御座候此段不取敢御注進申上候

六月三日

紀伊國屋伊兵衞

一今三日未之剋相州城ヶ島三里程沖合に異國船四艘相見追々地方へ近寄候に付早速人數出張爲仕候尤右之船上富田陣屋下之沖合ゟ乘込候段相州陣屋詰家來之者より注進申越候掃部頭在所出立後に付此段申上候以上

六月三日

井伊掃部殿內

富田指兵衞

一今日八ッ頃浦賀沖ニ異國船二艘乘入候に付物見船幷乘留船指出し富津竹ケ岡人數不殘下海岸へ繰出し候處外に二艘千駄崎沖合に壹艘走り居候趣富津詰家來之ものゟ申越候此段屆奉申上候以上

六月三日

松平肥後守

一昨三日未刻相州沖合異國船相見候追々浦賀之方へ乘込候樣子にᛏ早速物見船指出し幷に警衛之人數繰出し候段房州北條陣屋詰之家來之者より申越候下總守在家に付此段御屆申上候以上

六月四日

松平下總守家來

伊藤作左衛門

一昨三日未下剋異國船貳艘野比濱近同貳艘浦賀燈明臺邊ニ相見候段鳥ケ

島觀音崎御臺坐當番之者より申越候間早速に檢使船副使船さし出未浦
賀奉行に御達しは無之候得共一先二之抱軍とも人數指出し候段大津陣
屋詰家來之者ゟ申越候此段御屆申上候以上

六月四日

松平誠丸

一今朝致屆候異國船四艘とも鳥ヶ島觀音堂ゟ沖合に懸り罷在申彌嚴重之
警衞罷在申候
此度渡來之異國船者種々入組應接も有之旨渡來近邊へは賑て寄候義者
異國船ゟも堅斷有之候間右之心得に乘寄申間敷萬一近く乘寄候得は異
變に相成可申旨組方ゟ斷有之且此上追々渡來軍船有之趣申聞候段昨日
浦賀奉行ゟ達し有之右之趣大津陣屋詰家來共ゟ申越候此段致御屆候以
上

六月四日　　松平誠丸

一此度浦賀表へ異國船渡來候に付而者御番所固めゝ義尙々厚心得候樣萬石以上以下御番ゝ面々可被相達候事

大目附
御目附ゟ相達候御書附左ゝ通

右ゝ通御用番牧野備前守御役宅におゐて達し

六月七日

寄合肝煎　西口賢之丞申渡

一異國船内海ゟ乘入候旨時宜に寄若年寄出張被　仰付候義も有之其節寄合ゝ面々肝煎壹人寄合四五人も一組に相立尤若年寄附添可被罷出候事

此段急度心得置可被申候

右今晩遠藤但馬守於御役宅ゟ申渡す

六月六日

一浦賀表異國船渡來に付海邊御目付戸川中務少輔 松平十郎兵衛爲見廻可申指出候

右所番所於前溜に備前守申渡列座無之

一浦賀表ゟ異國船渡來に付其方義御暇被下候間早速出立いたし諸事無油斷戸田伊豆守と申談可致取計候

井上石見守 鐵太郎事

一右一件に付諸大名御隱居方御登　城勝手次第存寄可申上旨尤水戸御隱居太田御隱居松平淡路守御隱居御登　城有之由誠に誠に前代未聞尙屋敷抔も目附醫師立合病人相改有之五十歳ゟ二十歳まて人數相改鐵砲買屋敷へ武具を相廻し給人以上具足無之方も有之哉誠に賑々敷にて候先

〇杯は御安心可様《本ノマヽ》候又々追々申通申候

一千代崎沖合ニは軍船四艘松輪沖合ニは貳艘昨三日申上剋相届申候異國名アメリカ之由尤軍船に御坐候四艘之内二艘大之分蒸氣船と申候由一艘者一つヽ車仕懸有之車之大さ凡指渡し拾六間程有之惣人數之義者凡二千人程乘込居候風聞に御坐候且昨夜暮六ツ時右之船にも太皷拍子を取其後大筒打尚又同夜明方一度今朝四ツ時頃一度打申候且只今小さき傳馬にて湊口近邊ニは燈明堂近邊を乘廻し海岸深淺を相計り候様子見受私共一同心《本ノマヽ》承仕候早々御出張候樣仕度奉存候以上

六月四日

浦賀藏所手代

福田七郎

浦島清一郎

右は異國船滯留中組々者召連晝夜共市中其外見廻り候旨御達有之候間
町役人共心得可被罷在候事

六月十日

名主

別啓申上候此度異國船渡來にて何方にても其騷敷事不容易事に御坐候
既に當月九日同暮六ッ時頃より市中其騷敷事今も戰相始り候樣子と相
見實に驚入候事に候役所近邊抔者與力同心通行何れも火事装束鎗壹筋
にて西町奉行所へ相詰勢揃いたし夫も高輪邊は固として御出張有之候
事其外大小名方又は御旗本何れも火事装束にて海邊は御出張之由にて
翌日町奉行始與力其外とも御歸陣之由にて實に敵者最早近邊は寄付候
哉とも被存候位に御座候當月三日頃ゟ御固之面々近々御出府に御座候
何れも火事装束誠に美敷事に御坐候且海邊之御屋敷向何れも奥方家中

之者女小兒又者老人抔不殘立退候事に御坐候家中向召使候下女抔追々暇に相成向も數多有之由且又海邊町家抔も半鐘打候はヽ早々何方へ成共立退可申樣被仰渡候右に付前以老人小兒抔者立退居候樣諸道具等も持退可申候又早半鐘敵迎ひ申候はヽ黑燒拂可申候間右之趣相心得其節に至り不騷樣心懸可申樣被仰渡候間何方にゐも其用意專一に可致由に御座候實に驚入候次第に御座候

一右出府不致候御大名御旗本中には誠に勇者は先陣を好しも有之壹騎にゐも討向候抔と爭向候樣有之病氣を申立引籠も數多有之由併是等之義者然と見留候事も無之只噂承り候事に御座候且細川越中守殿者御家中者何れも强勇之由此度本牧御固も別段御好にゐ御願濟に相成趣に候右本牧には陣取抔は無之只野陣を張今や遲しと相待居候由嘸々此頃暑さ强く殘に炎天にゐ御難澁の事に御座候處且此家中にゐ者先陣を爭既に喧嘩に相成疵を蒙り候向も有之由にゐ一向和談に相成不申候に付此間

中殿樣御出場に而漸く和談に相成申候事に御座候實に是等之義も何れも強勇之面々に御坐候間右樣々之義も可有之哉に御坐候且何方の陣所にも旗吹流し抔押立其之有樣誠に勇々敷事に御座候右に付見物に參り候者も有之由右見物と覺しき者は搦捕者町役人ヘ御預に相成候向も數多有之由實に恐入候事に御坐候

一當月十日下拙洲崎辨天參詣いたし候處深川八幡宮社内に而者立花左近將監殿御固有之尤今日出場は無之候得共何れも下揃へ相調居候其樣子見受候處表門内片側鎗を立幷片側へ幟を立幷夫ゟ内入り候得者四ケ所ほと幕を打張何れもはた吹流し相立居候中には陣羽織著用いたし居向も有之足輕雑兵抔者餘程詰合居候尤武具馬具頭〔類カ〕餝立有之夫も洲崎辨天ヘ參り此社内には名主共相詰居若兵船相見候得者直に注進可致積り之由に御坐候深く相□候得共實におそろしき事に御坐候

一小船に而度々内海ヘ乘込候事有之其節に御老若晝夜共に御登　城御評

定有之由に御座候當月十日之夜九ッ時頃注進有之御老若御登　城有之其節兵船四艘程本牧に乘入既に細川之陣に向居候處細川之陣にゐ者今や遲しと身構いたし候得者何之御差圖も無之殊に敵方にゐも手向も不致事に候間齒かみをなして白眼合今や御差圖も有之やと相待居候處其夜明方ゟ元船之方をさして歸りける此時勇立候面々も其惜き事何計り有之候哉右に付大森町御固有之候毛利大膳大夫殿陣所にゐ今や討出可申哉又者細川之陣中は如何有之候哉こぶしを握り控居候右細川之人々心中殘念なる事何計御坐候哉此段難相計

一此度トライの車仕懸之軍船者是は切支丹之魔法を相用候趣且傳馬と覺しきハッテイラ之内にて四艘程は勢て舞（本ノマヽ）仕懸にてどふかいたし候得者ふたいたし海の底へ入り候由其後遙時過て以前之通浮可申候由是等之仕掛船者實に珍敷船に御坐候と申事に候且又沖合には海城船と申候大船大きさ凡八十間程も有之是等は誠にから〱と致たる所城の如く相

見申候其近邊にて小船を浮し通船之兵糧米を奪取既に此間細川之廻船又仙臺之廻船都合四五艘奪取候由右等之事にて細川者其遺恨を含み候哉殊之外憤り居候事に有之由

一此度渡來之軍船國王之書翰抔所持奉行へ直に相渡度段申越候得共奉行之事に候得者輕々敷對面難相成候に付與力同心之内指遣候處異國船方にゟ者一向不取合大切之書翰候間奉行ゟ面會難成候得者將軍に直に對面致度段相賴猶船近邊へ近寄付候事難く相斷候間是は不容易事に被存不得已事奉行罷出右書翰受取候處伊豆大島八丈島又者其近邊小島等拜借仕度且アヘン田葉粉砂糖之類交易致度其外都合七ケ條之願書に有之由右返答には此處異國船渡來可致處にも無之願之義有之候はゝ長崎表ゟ罷越可申旨被仰遣候處是迄度々長崎表ゟ罷出交易之義相願候得共兎角御取立無之候此度は無據此所ゟ渡來仕相賴候義候間是非御聞濟無之候はゝ歸國不仕と申居實に致方も無之事に御坐候右に付伊勢兩宮始日光り

晃《カ》山抔へ宿次を以御祈禱料參り候且其外諸方神社佛閣にも御祈禱被仰付候由に御坐候右故世上只騷々敷計にゐ家業向者誠に風景氣に御座候此度之一條にゐ繁昌致し候家業者武具刀脇指□抔是等者何方も繁昌に御座候

一今般願之義に付浦賀御奉行井戸石見守殿へ種々利害被仰遣且又願之趣何れ評定いたし置候間來寅年長崎表へ承りとして罷出可申旨被仰渡候處來寅年も猶豫之義不相成乍併早答之事難相成候はヽ一先歸國致し來八月頃矢張此所ゐ御返答伺として渡來可仕候間御承知可有之樣と申聞則當十二日出帆仕候右に付御固の面々追々御引取に相成候右何れも行列美々敷御事に御坐候中にも毛利大膳大夫殿之御引取者誠の軍の通りえ由人數も餘程有之何れも陣羽織を著銘々鎗或は鐵砲抔佘候突かヽらんと致し候有樣實に勇々敷事に御坐候且先陣には猩々緋大旗押立弓鐵砲大筒又は騎馬或は幟抔も餘程有之中程本之大旗押立又者吹流し何れ

も壹人つゝ脊中に名前名乗と相認又者差物抔も名前相認候向も有之實
に美々敷御事に御坐候
一右之通變化なく相濟候に付明十九日跡見分として若年寄御勘定御目附
其外付添として九鬼式部少輔殿御出府有之候由右に付今日御暇被仰出
候事併世間之取沙汰者種々申候間此段御察し可被下候且相急き認候間
跡先略字御はんし可被下候
一右出帆之節當八月頃渡來可致旨申置候間若此後渡來致候はゝ如何存寄
可有之哉實に心配之事に御座候何方も其噂計御坐候異國船内海に乗入
候に付陸地御手配大名方御固め被　仰付候聞書左之通

豆州　相州小田原城主　大久保加賀守　　相州　江州彦根城主　井伊掃部頭
海邊　伊豆御代官　江川太郎左衛門　　浦賀　武州川越城主　松平大和守
外に御旗本方數百軒
同八丈島　豊後岡城主　中川修理大夫　　武州鮫崎　仙臺城主　松平陸奥守

武州 加奈川 長州萩城主 毛利大膳大夫　品川 御殿山　福井 松平越前守
同國羽根田 大森浦　肥後熊本城主 細川越中守　増上寺 山内　金澤 松平加賀守　富山 同 出雲守
泉岳寺 姫路 酒井雅樂守 頭カ　築地 本願寺　桑名 松平越中守
御濱御殿 御固　郡山 柳澤甲斐守
津山 松平越後守　笹山 青山下野守
高松 同 讃岐守　德島 松平阿波守
高須 同 攝津守
西條 同 右京大夫　深川 洲崎　柳川 立花左近將監
奥州府中 同 播磨守　外に五大名　伊達若狹守
御家門方八家　守山 同 大學頭　太田攝津守
雲州母里 同 志摩守　津輕出雲守

細川豊前守

白銀廣尾　織田則三郎

片桐助作

品川山手邊　南部丹後守

青山鉋之助

丹波ゝ若狭守

松平壹岐守

堀丹波守

小出信濃守

九鬼長門守

松平遠江守

芝浦久留米　有馬玄蕃頭

高輪邊秋田　佐竹次郎

下總　上總　安房　海邊御固め

會津松平肥後守　堀田備中守　酒井大和守
忍松平下總守　福島板倉內膳正

右之通嚴重之御防にゐ若や異國におゐて不埒成節者卽刻神奈川にて狼烟相圖打次候節御府內丸之內御火消屋敷にゐ大皷鐘打受に相成町中自身番にゐ半鐘打次之節町火消いろは組人足詰所以下欠文

嘉永六癸丑年六月三日城ヶ島沖三四里隔異國船相見ゐ候趣三崎表獵師共より注進有之候に付直宮田御陣屋ゐ三崎御馬乘古澤六左衞門早馬にゐ注進之御陣屋內大さわき早拍子木打廻り懸札へ相揃可申旨に付其用意致し內早異國船四艘上宮田沖ゐ乘入申候平生壹番組にゐ支配田中惣左衞門御預り所御用多き付木俣亘理支配にゐ押出し候處早異船者浦賀沖ゐ乘入最早一艘も相見不申然る處津久井法藏寺前にて固め居候處千駄崎より出張致候黑柳孫兵衞御使番內膳殿御達之趣申來り直に千駄崎之御陣屋ゐ出張致候

內膳殿は千駄崎御臺場へ被上候今日三日霧深く沖見へ不申異國船日本近く相成候義不知居候故右不都合に相成申浦賀にて與力□原乘留に相成賣買に來り候哉相尋候處舟は北亞米利加舟の趣申候尤賣買にも無之無心に來り候にも無之我國王より當國天下ゐ書翰持來申候に付天下ゐ直に對面致し相渡し可申と申候趣に付江戶表へ浦賀御奉行より御伺に相成申候異舟軍船と申者長さ三拾五間計四十三間計深さ廿間計外之方黑鐵張つめ大筒片し二拾二挺つゝ仕懸有之兩方にて貳拾四挺帆柱三本立橫木一本に三本つゝ有之乘込人數は三百人計乘居候艫《トモ》に舟印御座候右之船貳艘浦賀沖跡先に居眞中ゐ黑船車仕懸之舟ジヤウキセンと云長さ六拾間計り巾貳拾貳間計是も同黑鐵卷にて大筒片へ三拾挺仕掛兩方にて六拾挺車仕込有之候處は眞中にて貳間計も出張有之上には右によい懸有車の高さ四間計惣舟深さ拾七八間計六七段にも住居候樣子に御座候大將之舟者長き帆柱に旗印有之艫にも有り右之舟二艘都合四艘相並壹艘之間十丁計りつゝ隔居候如

何成大風にも舟うごく事なし江戸之方ゟ壹番軍船二番目大將之舟三はん目右同樣之大舟四番目軍船但し先一艘者大和守御臺場龜崎觀音崎に向い居候跡之軍船者千代崎御場臺に向い居候右御臺場彥根持同四日晝時過まて千駄崎一分に野陣張罷在候夫より內膳殿御達しに付平根山江戰士貳拾騎木保亘理觀（本ノマヽ）日中に道法壹里計り押出し申候尤其日大極上天氣に而炎暑難凌覺へ候八幡村首里村抔と申處皆々家並水を出し有之漸々平根山江著陣いたし候處右組之內手丈夫成者三人千代崎大筒に懸り手薄く間人をゑらみ出し早速御臺場江相廻し樣田中惣左衞門達しに付右より人御臺場へ直に欠付候右御臺場は御番致し有之候に付御臺場方之者代々少々つゝ休息仕候野陣抔等は宜敷御座候同日之達し異舟氣合何共難計間何時に而も大筒發放相成候樣相心得成旨浦賀表ゟ申來御臺場之者持々御筒江參り藥玉抔仕込不申計に而浦賀ゟ下知を相待居候暮六ツ時大將船ゟ兩海岸江發放致し候但し貳つ玉入候空放に有之候哉聢と難相分候得共頭上玉音致し

山ハ打込候其音五六里計も響き申候に付浦賀ゟ猶無油斷用心堅固に可致旨御達し有之候に付嚴重に相守居候右千代崎御臺場に壹貫目筒ゟ拾三貫八百目迄拾五挺備有之候右大筒方川上甚左衞門北川半藏始め都合戰士三拾人中間之者貳拾八人詰居候右ゟ山手五六丁上に遠見御番所有之右之處にも大筒三挺備有之白石平藏者夕方ゟ相詰被居候同五日朝六ツ時異船より大筒壹門發炮致し暮六ツ時にも壹門發放致し右鐵炮之音いたし候前に舟之中にて大鼓笛ドラ抔音聞へ申大筒發放候得者相止め申可朝夕內にて調練稽古致候趣に御坐候同日晝四ツ時頃より黑船壹艘大將船に而無き船浦賀ハ乘越杉田沖と申處まて伺いに罷越傳馬舟取出し海底之深淺伺い申尤海岸之所々御臺場抔遠目鏡に而見繪圖抔致し候右之日北風に而向ひ風に相成候得共事を自由に致し風を持せ申尤ジヨウキセン貳艘共舟之中ほとに煙出し有之三抱程も有之候船之中にて石を焚右煙の火氣に而車うごく仕懸に有之候而自由行申直に浦賀ゟ乘留に參り候間無是非元之浦賀沖

ハ相戻り申尤浦賀沖にても傳馬舟取出し毎日〱處々島又は海岸抔ハ込入淺深を伺ひ申實不敵之者共に御座候其砌御臺場火繩に火を付不申計に御坐候御達し日々無油斷嚴重に用心可致旨有之候同七日五ッ半時頃霧深く異船壹艘も相見へ不申に付浦賀ゟ御達しには異船見へ不申故如何樣之事仕出し候義も難計御用愼有之旨御達に付皆々其心得致し御筒先にて伺ひ居候其砌内膳殿遠見御番所ハ御出張に相成申漸く晝時前霧晴元之處に相見候に付一徒漸心休り申其日夜八ッ時頃中野小三郎殿番頭二百御人數召連御著陣被成候騎士二拾騎にて御先手組二拾人大久保藤助殿支配にて罷越され候浦賀の南より川閒村と申處に宿陣被致候是は此度御預に相成候處に御座候浦賀みなと出先御浦小屋にも双輪車懸り大筒懸り御人數壹手平根山にも壹手浦賀近處ハ彥根ゟ四手備居候同八日異船矢張浦賀沖ハ同樣備居候其日江戸表ゟ御奉行にアメリカ國王より書翰可請取旨申來候付浦賀御使番之舟異船ハ櫛齒を如引に參り申夫に付久里濱にて御受取に

相成可申に相極り翌日九日曉七ツ時久里濱へ異船之者上陸致し候付御四
家樣共御人數久里濱へ指出し可申旨浦賀ゟ申來り尤異舟書簡相渡候得者
退帆可致候右退帆悦俄〔祝儀カ〕に大筒、發放いたし候樣申候に付日本陣勢驚不申樣
御觸有之平根山御船小屋川間江戸手宮田手三崎手半分前夜九ツ時久里濱
ハ相詰候同九日九里濱にて浦賀奉行書簡受取相成候砌備別紙に認め御座
候其日出帆致すへくと存居候處四艘共に向井路之方ハ參り夫ゟ右浦賀越
本目〔マヽ〕沖迄乘押申右久里濱取拂に相成候其日暮六時に相成申夫ゟ元之通陣
々備相立申同十日出帆可致哉と存居候處左樣には無之傳馬舟取出し所懸
念致尤川崎品川近邊も參り候由同十一日も其儘本目沖に留居候浦賀沖に
て備被置候通に本國に而も居候趣同十二日曉七ツ半時異船出帆可致旨前
夜御浦賀奉行より御達し有之歸り懸如何之事致居候哉難計故夜八ツ時ゟ
千代崎御臺場堅固に構遠見內膳殿御出張處々陣々押出し今や遲しと相待
居候處夜明十二日に相成候へ共一向船相見へ不申に付如何哉と存居候處

漸四ッ時迄に観音崎出鼻へ相見申其前に大筒音二つ致し候付定ゐ退帆之
印と存居候へは案不違相見不申其日南風にゐ風はげ敷向い風に御座候得
共黑舟車仕懸にゐ軍舟壹艘つゝ綱付引走申候然れとも日本之大舟順風に
任せ乘切候より早く御座候城ヶ崎舟相見へ不申樣相成迄者二十里計り有
之右二時計りに退申右に付先者心休り申其日處々出張者夜八ッ時引陣に
相成申候へ共所々御臺場は其儘備居候樣に付十三日も千代崎に罷在候同
十四日御用濟にゐ宮田御陣屋ゟ八ッ時に歸陣仕候且炎暑者難凌候へ共三
日ゟ十二日迄天氣晴快一徒悦居候十二日朝少し雨降り申其節雨具取出し
申十三日天氣十四日歸陣之砌少々雨降申實に大暑難凌候處公儀ゟも出張
之者ゟ御藥被下此方樣ゟ服藥被下置候皆々難有頂戴仕候亦々御家樣ゟも
度々御藥被下置殊に久里濱出張之砌者醫者陣中藥持歩き呑せ呉候歸陣後
も三日之內御殿前にゐ御藥被下置候難有事にゐ今日迄漸命全く致し乍併
又々何時參り候も難計異國舟此度參り候かの地五月廿三日出帆致し候よ

し海上五六千里も有之候處十一日之間渡來仕候

一諸家樣御出張之行粧別而久里濱之處日本勢一萬騎に御坐候實に大坂御陣此方と申事に御坐候異舟乘込之人數四艘にて都合千五百人餘と申事に御座候壹人にケン筒懷中筒壹挺つゝ鈒壹本つゝ持居候舟中軍用之外道具無之よし大筒者三拾六貫目ボンベン抔も有之候由皆々壹人にて自由に致し候趣五貫目以下之鐵炮無之候仕懸之儀者日本難及候

アメリカ船へ被下物

一玉子　　　　一にわ鳥 但男計

一吸物わん　　一宇知綸

去る十日曉七ッ時久里濱ゟ上りアメリカ國王ゟ書翰を御奉行へ異國ゟ直渡し致し候に付右之通備嚴重にて御受取に相成申尤剋限者大分遲く四ッ

頃に御坐候舟ゟ異國人上り候黑裝束之者白裝束之者半分々々位に御座候右行列調練に而一人ニゲヘル鐵炮壹挺右鐵炮打仕廻より直に劍指槍之如くに相成申懷鐵炮壹挺つゝ持居候各火繩いらすトンドロ仕懸之樣子に相見へ申但し太皷打トラ打笛吹なと皆々若年之樣に相見申候役持は劍計壹本指居申行列之揃候事誠に日本難及よし相そろひ申異國人身の丈五尺七八九寸より六尺計御座候久里濱へ上り候者皆々揃切居申候定而寄人と申噂に御座候我朝士分已上小袴陣羽織馬印船印大旗と家々之守吉例打立翻天有樣源平戰壇浦之舟軍之陣取今日目のまへに見へ候樣被存候人數は少しに御坐候へ共是こそ八島戰之陣取も不相替樣皆々申居候

御當家樣抔大筒組拾文目貳拾目三拾目三組壹組に御坐候其外小筒騎士之向は銘々鞘に手を懸居申右黑舟大將舟に而大筒を打候義前以異國悦《祝カ》儀之內に而退帆之砌打候やうに申候付浦賀表ゟ御觸有之日本之者驚事無之樣一統御觸有之候得共中に洩り入も有之驚入候人足抔山影ニ走寄候者澤山

御坐候異國人調練者西洋流に御坐候浦賀御備にも右ケベル鐵炮御坐候會津樣御舟にも直舟には一艘に壹挺つゝ大筒備有之候誠行装驚目計りに御坐候唐人浦賀奉行小屋ゝ壹人入候しはらくにゐ御坐候直に出又調練にゐ舟ゝ乘入黑船へ歸り申候小舟にもカイ八挺十挺つゝ懸り御坐候右久里濱沖を出直本目へ參り申候浦賀より五里計り江戸崎に御座候

六月十五日

此頃夷船來相模國御浦郡浦賀沖其情實難知雖防禦之備爲嚴重近來度々寄近海　叡念甚不安偏在仰　神明之冥瞻速退攘夷類莫拘國體四海靜謐天下泰平　寶祚長久萬民娯樂御祈自今日一七個日抽丹誠可勤行之者被
仰下候事
六月十五日

長順　來浦賀異船去十二日各退帆雖被

仰
聞食御祈滿座無之　神社彌四海靜謐萬民安穩祈禱可抽丹誠之旨被
下候事六月二十日長順
自然滿座後候はゝ更不及勤行候殘有之候はゝ可有勤行卷數獻上節否
承度候事

異國舟一條兩三日已前ゟ川崎大師川原向ふ十四丁計先ニ六艘相揃それゟ
通ひ舟にて十四五人程つゝ乘組十艘計にて方々見廻り既に品川御臺場邊
迄參申候に付殊の外騷ケ敷御固御人數二番手不殘御繰出しに相成申候細
川樣其外御固め軍勢ゟ是非打拂申度と度々御伺等も有之候へとも兎角穩
便々々と被仰出候よし七艘之内一艘は何れニか參申候定跡舟迎ひ參り申
哉と風聞去廿八日浦賀邊御陣場におひて御返翰之應接も可有之候處先方
ゟ十四五人舟にて上陸致し御欠引も有之候へとも以今將舟渡來不致候に
付何卒相待吳候樣と只々日を延し可申候事而已に御坐候依而此上打拂戰

爭の場合にも可相成哉と諸家樣奥方女中立退之御支度にて日夜騷々敷事に御座候

御他言御無用と奉存候

右三井へ申來候よし

亞番臺

戯—寫—國—異—番—賀—伽—利—礫—落
大—之—書—出—兵—浦—船—墨—川—月
津—擧—翰—乘—急—來—暗—亞—驚—外
繪—黑—能—福—祿—彗—星—內—雲—郭
衆—大—爲—放—謂—方—豐—城—隱—悲
議—區—土—地—無—西—年—示—女—中

師—弦—賣—商—頭—説終—是—正ニ—龍—飛
匠—三—益—器—評—秋—癸—游ク—船—河ノ
錢—歡—得テ—武—受—夏—丑—底—水—深
無—有テ—專ラ—客—無—人—搦—高—島—來ル
歎ク—固—酒—國—悉—異—捕ル—果—赦—都
南—海ノ—賣—北—茶—挽—西—國—免—東

異國から米のむしんを餅につき
うら〳〵迄もくはる御そなへ

以下七丁廣幡家ゟ借用丑八月

浦賀出張の役人アメリカ船出帆の節異船の中一見仕候處中こと〳〵く盆辨大炮計のよし中にも一番大の盆辨御坐候則左の通

○圖略す

此玉行事五六里也此玉の大きさ日本の玉のわりをすれは凡千四五百貫目有よし也

此毒の氣をうけはこと〳〵く死る也盃辨の玉恐るへし

此玉はうすき赤金にて上を張る樣子なりゆひにておすとぶか〳〵とする也中はこと〳〵毒藥計也

浦賀役人盃辨一見致し候中に黑んほう一人盃辨の口の中へ入そうしする樣子也黑んほう長け六尺計も是あるよしそれか中へ入て立なから掃除する樣子にては盃辨口の弘さ先七八尺も有樣子也此盃辨の毒は夜石と申物にて其にほひをかく者はこと〳〵く死すと申異船此盃辨なと打はなし候は丶先二三里四方はこと〳〵く燒亡仕燒跡の毒氣にて四五里は他へ散可申左候は丶其毒をかくものはこと〳〵く死し可申誠に以恐るへきの火毒

也
一軍用蒸氣船　船號シユスハレナ
一フレカツト　同　サラトカ
一同船號フリモウト
一同船號シントマリス　一番長船は長さ九十六間餘
一同船號ハンダリヤ
組本　指揮官アウリツク支配
一車の船の圖あり別に圖す
蒸氣船圖兩方水車差ワタシ十三間餘是にて大さを可知

嘉永六丑年六月三日晴天夕七ツ時頃海上に霧かゝりて遠方見へす浦賀平根山之下凡岸より一里程海上晴てみれは唐船四艘著五六十間位に並居御奉行所にゐ初ゐ見付候由御注進彦根侯川越侯兩領御備場ゟ追々御注進右

船著卽刻船ゟ大筒を打其ひゝき雷の如し但空筒と存候追々御備場御固め近郷近在夫役數千人相當候四艘共軍艦之由也浦賀御與力郷原何某船中へ一番手に乘入一通り相改め候處船中に名香を焚其薫り不可云如何なる名香に候哉右郷原氏退散之後惣身色替り腫れ上る元ゟ强勇之人故更に事共せす彌精勤致候御備場之大名方役々更に船之側ゐ寄せ不付或は劔或は小筒を以唐船より向ふ故に乘り入事不叶唯々海岸に鎗旗を立列ね居候のみ惣て諸掛合向共浦賀與力也

滯船中てんま舟二三艘始終大船之廻りを見廻り候而下けふりと云ものを以海中之淺深を測り量る

北亞墨《マ、》加洲

合衆國三類府話《ワ》聖《セン》東《トン》と云所なり

船の名フレカツト船　二艘

蒸氣船

右何れも軍船也

船の長さ　凡七十二間餘

小船　凡三十五六間餘

フレサツト　大筒二十二挺

蒸氣船　同八挺

人數　凡千人

蒸氣船は車掛にゐ走る風波にかまひなし晝夜千里はしるといふ

船之造り惣ゐ銅鐵にゐ張りつめ木の見る所なし車之羽根鐵にて巾七尺長さ五間宛車之丸凡十二間程半分は水中に入蒸氣船を走らせんとする時は船の眞中にある筒高さ廿五六間にゐ五尺四方之ものゟ烟をひたゝしく出る走こと矢のことし此烟にて右之船もおのつから隱れ更に見へす故に渡來をみそんする道理也帆を不用唐人強勇なること是迄渡來とは大に相違也甚強し六月七日右之船一艘動き出し本牧之鼻迄行く日本船是をとゝめ

んと追掛る更に追付こと難叶彼之下ヶ振にて海中之淺深を測りし處淺き所有之候哉白から引返し元之處ゐ居戻す日本追手之船は始終跡廻りをして歸る猿島之御備場ゐ既に上らんとすれ共制之故に不上右船之中にゐ一日に兩三度つゝ大皷を打軍之ならしをす太皷打終て大筒を打空筒也
六月七日唐船願文之箱受取之應對有之應對之人は浦賀力香山某也
願文金之板金ゐ細字に彫附たる文面詳に不知密に聞取に豆州大島幷に八丈之二島を貰度由願文と云未詳秘して知るものなし
八日朝五ッ時栗之濱にて右之願文之箱受取へき掛合相濟栗ヶ濱へ假陣屋出來矢らい百間四方後幕張つめ毛氈百八十枚金屏風十五双御名代浦賀御奉行戸田某其日之惣大將也但し羽陣織著用
御加陣井伊家老を始め凡二千四五百人川越家凡二千人戸田采女正殿家來奉行戸田殿之加勢として六百人其外會津侯下總侯四五百人各陣羽織著用
右御固之御出陣驚目未曾有珍事見事也唐人之方是又美々敷して御陣所へ

行列音樂を奏し別書願文之箱を持右御陣所へ上ヶ箱請取御奉行戸田侯此度は右箱受取置右受取書を遣す公義よりは御返答當秋八月と被仰出候趣を以唐船一同に承引尚又八月渡來之積り

唐人著類五色之羅紗又者猩々緋各劔筒を持先立二人拔身之劔なり人數四百五十人各平氣の振舞也

雷火雨と云大筒四挺船中に備へあり是を一つ放つ時者猿島位は島くるみに打崩すと云此火藥は未日本ニ不渡此玉落る時は六七里之間一圓に燒失すと云右異國船渡來候に付ヶ者別ヶ浦賀表町家殊之外恐をなし老人小兒は皆々近郷之親族へ送り道具類は俄に取形付戰場に可相成之樣子其騷動云へからす然に御奉行戸田殿には御取鎮め靜有之萬一戰に相成候節は前以町觸可致由被仰出漸々安心相鎭り申候

小田原侯御城にヶ大磯海岸御固め米倉侯金澤之海岸御固め異國船ゟ小筒を以二玉打右二玉共船之椽に當るこの時見廻り之船もはつと思ひしか障

らぬ體にて尙又二廻り三廻り致候異船海上を動く時は船中に烟を生し車輪廻れは大波濤を踏立海中に龍のあれるかことし中々寄付事かたし寔に奇代之船なり

同九日朝五ツ時栗ヶ濱御陣揃異船二艘てんま十艘にて音樂行列異人凡四百人各衣服美々敷御陣ゟ參上相濟直に元船に乘大筒を放し四艘共總房さして立出と見へしか忽ち江戸前に船鼻を向け同七ツ時頃金澤小柴と云所へ四艘とも碇を卸し直に注進船七八艘江戸へ出す誠に異人の振舞不敵不法也同十一日迄小柴に滯船中十四五人大なる水瓶を持陸へ上り自身水を汲船中へ持入候所々農漁之家皆々驚き表戸を〆て置候

御固め御人數之事

御代官　江川太郎左衛門

浦賀奉行　〔戸田能登守／井戸石見守〕

御目付　戸田中務少輔／松本十郎兵衛

浦賀御助力　十萬石　戸田采女正　一萬五千人

大浦 浦賀 出張　十七萬石　松平誠丸　一萬五千人
相州三ヶ所　十一萬三千石餘　大久保加賀守　一萬千五百人
伊豆下田　五萬石　水野出雲守　五千人
伊豆大島　七萬四千石　中川修理大夫　七千四百五十人
武州 神奈川　卌六萬九千石餘　松平大膳大夫　四萬人
同 大森 大洲崎　十五萬石餘　酒井雅樂頭　一萬五千人
濱御殿　十二萬石　松平讃岐守　一萬三千人
深川洲崎　十一萬九千石餘　立花左近將監　一萬二千人
房州 洲之崎　二萬石　大岡兵庫頭　二千五百人
同 海岸　一萬石　稻葉兵部少輔　千人
同 海岸　一萬石　林播磨守　千人
　　三萬石　黒田豐前守　三千人
　　二萬石　松平備中守　二千人

三浦三崎　卌五萬石　井伊掃部頭　三萬七千人
浦賀 御臺場　大筒方　田村四郎兵衛　八百石
武州本牧　五十四萬石　細川越中守　五萬五千人
同 羽根田　十四萬石　酒井左衛門尉　一萬三千五百人
御殿山　卌二萬石　松平越前守　三萬千五百人
鐵炮洲 佃島兼　廿五萬七千石餘　松平阿波守　二萬六千人
上總富津 天神山　廿三萬石　松平肥前守　二萬三千人
十萬石　松平下總守　一萬人
房州 勝浦　一萬二千石　酒井安藝守　千百人
上總 姉ヶ崎　一萬五千石　水野壹岐守　千五百人
下總 寒川　十一萬石　堀田備中守　一萬千人
上總 一ノ宮　一萬三千石　加納備中守　千二百人

下總 濱野　一萬石 森川出羽守　千人

同 銚子　松平右京亮　七千五百人

以上

異國船著岸に付御固め御大名役人方

浦賀御固め　戸田伊豆守　上總下總

奉行　井戸石見守　御固め

同所　彦根 井伊掃部頭

同固め　川越 松平大和守　濱御殿

同所鐵炮御固め方　御旗本 下曾根金三郎　高輪

同　御代官 齋藤嘉兵衛　築地

本牧浦　熊本 細川越中守　深川洲崎

大森浦　萩 松平大膳大夫　卅二萬石　大井村

金澤 加賀宰相　百廿萬石

富山 松平出雲守　十萬石

大聖寺 同備後守　十萬石

高松 松平讃岐守　十五萬石

姫路 酒井雅樂頭　十五萬石

本細川 松平肥後守　四十七萬石

梁川 立花左近將監

鯖江 間部下總守　五萬石

山家 谷播磨守 新井宿村 郡山 松平時之助 十五萬石

金澤 金澤 米倉丹波守 一萬石

兩品川羽田新田仙持院地内に假御臺場同所獵師町一ヶ所同所妙國寺門前一ヶ所御殿山に陣屋相建つ 御固め 桑名 松平越中守

異國船四艘之内一艘當月六日神奈川沖へ乘入候處申刻浦賀之方へ引返し申候處瀨踏に參り候哉難計奉存候以上 丑六月六日書上之注進

町御奉行注進之寫

異國船今十二日卯之下刻相州三浦郡大津村沖四艘共出帆浦賀沖に巳之上刻通船房州洲崎を放れ東沖走浦賀沖にて者帆影不相見候段注進承候間此段申上候以上

六月十二日注進書

御役所

取締役

三　西村より同上に付書類借用之分　嘉永六年六月

丑六月廿二日西村より借用

嘉永六丑年六月三日朝霧にまきれ相州浦賀湊江北墨利加船著尤軍船二艘蒸氣船二艘内一雙御番所下迄乘入候に付浦賀奉行始御固め陣を張江戸表へ追々注進有之候處上使として大目付戸川中務少輔松本七郎兵衞右兩人浦賀江早馬にて乘込亞墨利加より願書請取御用番御老中へ相達有之候趣に御坐候右一件六日夜五ッ時大小名御役人火急之御召早馬にて登城夜更まて御評議相成揃場にて御大名勿論其外共八陣之備立被仰渡候御大名衆中左之通

御殿山　松平越前守　高輪芝邊　酒井雅樂頭
高繩袖崎　松平陸奥守　本牧羽田邊　細川越中守
御濱御殿　松平讚岐守　鐵炮洲佃島邊　松平阿波守
深川洲崎邊　立花左近將監
此外海邊自分持屋敷夫々備立被仰渡候
一（此條虛事也）亞墨利加交易願立之分一切御取上無之趣爲上使井戸石見守浦賀ゟ出馬有之願之趣御聞濟無之に付十一十二日兩日中に歸帆可然樣被申渡若滯舟に及候はヽ大筒石火矢を以打くたき可申旨御かため御役中へ嚴重に被仰渡候趣に御坐候
一亞墨利加舟內海ゟ乘入候はヽ細川之陣所ゟのろを打上候合圖致やよす河岸火消屋敷火之見にて大皷打出す打續き諸大名衆早半鐘打ならし候はヽ一同早馬にて陣所々々へ相詰可被申旨被仰渡候

一浦賀御固め奉行衆始

井伊掃部頭　松平肥後守　松平大和守　松平下總守

此外追々御加勢後詰等在之候

一浦賀奉行所より同所ゟ御觸流左之通

此度異國船乘入候に付當所御かためは第一之場所に付入用之節者何時にても燒拂可申候依之老若共其用意致し置可申江戸或は何方へにても親類有之方へしりそく心得置候樣被仰渡候

六月

一御老中阿部伊勢守浦賀へ出馬之事

一亞墨利加船長さ七十五間餘巾三十五間計高さ不知（但一艘に人數凡千人計宛有之趣）

右風聞有之候事

六月三日未刻アメリカ軍船二艘蒸氣船二艘浦賀へ渡來書翰呈上之由右に付御固

海岸
松平肥後守　同　大和守　同　下總守　井伊掃部頭
右持場へ出張
松平讃岐守
右御立會に登城
眞田伊豆守　酒井左衛門尉
右御差圖次第出馬
大隅守嫡
松平修理大夫
右高輪屋舗
松平越後守　同　越前守　同　攝津守　同　左京大夫
同　播磨守　同　大學頭　同　志摩守
右御濱御殿ゟ
堀田備中守　大久保加賀守　保科成太郎

右豆州領分へ
松平加賀守　同　出雲守
右増上寺ニ
松平壹岐守　堀　丹波守　伊達若狹守　大田攝津守
津輕出羽守　立花鐘之助　九鬼長門守　松平遠江守
右深川八幡ニ
細川豊前守　織田剛三郎　片桐助作　南部丹後守
下野守嫡
青山鐘之助
右麻生廣尾邊へ
有馬玄蕃頭
右三田屋敷ニ
立花左近將監
右品川東海寺ニ

細川越中守
右白銀屋敷ゟ
青山下野守　松平越中守　甲斐守嫡 松平時之助
右築地
佐竹次郎
右高輪泉岳寺
御用番
松平伊賀守　内藤紀伊守　松平玄蕃頭　鳥居丹波守
安藤對馬守　松平河内守　本多加賀守　鵜殿甚右衛門
一　松平阿波守　酒井雅樂頭
右御殿山　右高輪ゟ
松平土佐守　松平▾

右濱行邊　　右鐵砲洲ニ
松平大膳大夫　立花左近將監
右羽田海道鈴ヶ森ニ　右深ニ
右被仰渡由風聞承候

四　亞米利加船渡來に付愚存　嘉永六年十一月

子固云異船來浦賀世説紛々不一決熟按　亞美理駕大合衆國大統領姓斐謨名美辣介師船大臣水師提督彼理呈書將要兩國與和友之結好立通商之章程云々且俟將來年春季帶各船來江戶海俟回音是實說也

或云今度亞美理駕國より琉球國へも通商出張所なと所望不同意は可及兵亂由に付琉是を恐ついに任望許容當時其場等構設中之由來春迄は又々琉國へ行向居由是實說之旨也

亞墨利加所願許否之事實萬卿被尋愚存返答如左

一竊に反間の謀を用て夷國相互に騷亂を起し候樣の計略は有間敷候哉昔の如く彼賊互に不和異亂不止候者尤此國を窺覦も不可致是萬全の計に候得共隔萬里之海上其籌策頗難施得事に候歟智勇之人能此計を成得候者日本の大功人と存候

一大日本國中能心を一にして夷賊へ精々和解を加へ新制之中條不可許也若賊理を曲け兵を以向は偏憑　神明之助以勤王之兵軍令嚴整以身先卒不敬の夷船を殲にすへき也

但如此は賊必再來可侵暴仍早速四方海邊防禦彌以可爲嚴重尤不可限長崎浦賀是第一之急務也貴賤一同和を專とし公武格別の法制を被定萬端儉約を守り假令は五ヶ年の間是迄の年料を三分とし一を以て渡世の用途とし二を以て軍防の用途とし於海邊者殊其備可爲第一也公

武を始とし天下萬民心を一にして能此大日本國を守護すへし如此實意を以て國の危に備る時は五六年の間必其設可全備然上毎年定法式能大日本の鎖國を守者永久之上策候歟

一先二ヶ條貴賤難和調候者不得止早於長崎通商一ヶ條而已可許歟於他之申條者堅固不可免也其制一清幷阿蘭等於長崎交易通船之法に可同他事幷加增之儀は必不可許歟

但於此條も四方海防尤早可有其設也賢明之君子早日本の危急を思慮し速に萬民を教道して此沙汰に及大日本國を可安候歟

以井蛙之拙身述世界之大論候事實以無益之至候得共生神國當此時不可以赤心不報國候歟に付任御内命書付入高覽候元來許否之大體伊勢八幡賀茂春日なと可然大社へは卜筮を以被窺定度程之事かと存候御一笑給候早可被投御爐中候樣希存候事

丑十一月五日

忠能

嘉永六年意見　三條亞相公

五　同上に付德大寺公純申渡　嘉永六年十二月

六年十二月
近來度々異國船渡來有之殊には當年浦賀長崎等ぃ入津書翰差出乞通商候右者事に寄御國體に拘り候儀有之間敷とも難申不容易趣先達ゟ關東より申來候儀も有之達　叡聞候尤關東には防禦警戒を被盡候へとも夷情難測候得者　宸襟甚不安被　思召候右に付社々御祈被仰出不汚神州不損人民樣との　叡願致爲在候右異船此後渡來候共平穩之應接には可有之候得共自然彼より兵端を開候儀も難量彼是深被惱　叡慮候卽今別條有之儀には無之候得共右之時體一同被相心得候樣可示含關白殿被命候旨於御拜道廊下兩役列座權大納言被申渡候仍申入候也

別段明年依有　思召和歌御會も無　御沙汰　御願有之　神社御法樂

被爲在候旨无急度同卿被示候也

十二月廿八日

公純

六　同上に付久我建通申渡　嘉永六年十一十二月

亞墨利加合衆國より差出候書翰之儀に付夫々被致建議候趣各遂熟覽集議

參考之上達　御聽候處説異同者有之候得共詰り和戰之二字に歸宿致し候

然る處面々被致建議候通當時近海を初防禦未御全備に不相成候に付渠申

立候書翰之通彌來年致渡來候共御聞屆之有無者不申聞可成丈此方よりは

平穩に爲取計可申候得共彼より及亂妨候義有之間敷共難申其節に到不覺

悟有之而者御國辱にも相成候儀に付防禦筋實用之御備精々心掛面々忠憤

を忍ひ義勇を蓄え彼之動靜を致熟察萬一彼より兵端を相開き候はゝ一同

奮發毫髮も　御國體を不汚樣上下擧而心力を盡し忠勤可相勵旨被　仰出

候十一月

別紙之旨於關東沙汰之趣無急度申來候間心得に被爲見候旨權大納言被示候尤平生懷國恩可磨忠魂時に候得共無心得違樣宜番々御申傳可給候乍御面働明日午刻迄に可返給候也

但昨日被示候和歌御會も無御沙汰旨月次之二字及漏脱候に付更に宜申入旨被示候也

十二月廿九日　　建通

七　非常立退心得

立退心得」原朱爲見出し紙端に認有之

寅七年三月二十日花山院家ゟ過日領分村方書付可出被示差出候處今日此一紙被送上山田村へ丸印差出了家領取調子

細は當時所々にて炮術習練稽古毎々有之に付自然あやまち火散亂非常の
大事に相成候義も難計然時者遠所へ　御立退可被爲在哉其期に到候へは
諸臣供奉勿論候へ共家内向も御跡より御方角へしたかひ可然由彼是厚御
憐愍の義殿下垂命候其時に到候へは一同糧米も被充候に付其家々高割を
以人數被定百石に付十五人之割右員數之外幷老年或病者等供奉無之輩者
領所々々ゟ立退可然且家來始また者等は其主人於領所扶助可致遣義左候
得者其領内にㇸ暮方出來候村を勘考内定可然事
前條巨細之義者追々便宜可申入候右に付去日御指出有之候一紙返進候
間被内定候村ゟ印被附候樣致度候事
右議奏沙汰にㇸ堂上一同へ被内示由也花山家へは橋本前大納言示告云々
上分九　諸大夫三　侍二
士五　下八　女八

八　和歌　三首

阿那可畏千島乃蝦夷賀萬爲天來弖我大君邇射牟加波牟止波

伊智志呂岐神乃御稜威乎也賀弖又唐能奴邇思飛知勢牟

太力加多那弓矢八阿禮止日本能神乃伊吹爾志久物曾奈幾

○

七年二月ゟ月次御會被見合毎月　神宮　石清水社　加茂下上社　內侍所等御法樂被　仰出御會始　七夕　重陽　二月水無瀨宮聖廟　六月聖廟等は是迄之通被爲在候事

七年四月六日午剋　內裏炎上

九　老中牧野備前守廻狀

牧野備前守樣被成御渡候御書付御廻狀之寫

大目付へ

此度渡來之亞墨利加船內海致退船候然る處右滯泊中彼是自儘之所業等も有之候ゟ意外之兵端相開候義も難計候に付夫々御固被　仰出候へ共船軍之御備向もいまた御整に不相成候折柄無餘儀平穩之御處置に被成置彼方志願之內漂民撫恤幷航海往來之砌薪水食料石炭船中闕乏之品々被下度との義御聞屆に相成候所場所御取極無之候得は何國之浦方へ勝手に渡來不取締に付豆州下田湊松前之箱館において被下候積に候當今不容易御時節に候間兼而被仰出も有之通質素儉約相守此上水陸之軍事一際相勵もし非常之義も有之候者速に本邦之御武威相立候樣可被心掛候

右之通早々可被相觸候

寅四月

一〇　合衆國使節ペリー條約寫

七年合衆國依請免許云々是吾國海防未行屆合國頗暴烈之間爲恐嚇許之由也國辱之甚先代未聞之事也關東進止實如無人可歎々々

日本國へ合衆國よりの使節提督ペルリと日本大君全權林大學頭井戸對馬守伊澤美作守都築駿河守鵜殿民部少輔竹内清太郎松崎滿太郎兩國政府爲取極置く條約附錄

第一ケ條

一下田鎭臺支配所の境を定めんが爲關所を設るは其定め儘たるへし然れとも亞墨利加人も亦既に約契し日本里數七里の境關所出入するに障あることなし但日本法度に悖る者あらは番兵是を捕へ其船に送るべし

第二ヶ條

一此港に來る商船鯨漁船の爲上陸三ヶ所定置き其一は下田其一は柿崎其一は港内の中央にある小島の東南に當る澤邊に設くへし合衆國の人民必日本官吏に對し叮嚀を盡すへし

第三ヶ條

一上陸の亞墨利加人免許を請すして武家町家に一切立寄へからす但寺院市店見物は勝手たるへし

下田條約原朱爲見出紙端に認あり

第四ヶ條

一徘徊の者休息所は追ゐ其爲旅店設るまて下田了仙寺柿崎玉泉寺二ヶ所を定置へし

第五ヶ條

一柿崎玉泉寺境内に亞墨利加人埋葬所を設け麁略ある事なし

第六ヶ條

一神奈川にての條約箱館においても石炭を得へきとあれと其地にて渡し難き趣は提督ヘルリ承諾いたし箱館にて石炭用意に及さる樣その政府に告へし

第七ヶ條

一向後兩國政府におゐて公顯の示告に蘭語譯司居合さる時の外は漢文譯書を取用ゆる事なし

第八ヶ條

一港取締役人一人港內案內者三人定置へし

第九ヶ條

一市店の品を撰むに買主の名と品と價とを記し御用所へ送り其價は日本にゐ官吏に辨し品は官吏より渡すへし

第十ヶ條

一鳥獸游獵は都て日本において禁する所なれは亞墨利加人も亦此制度に
伏すへし

第十一ヶ條

一此度箱館の境日本里數五里を定置き其地にて治法は此條約第一ヶ條に
記す處の規則に傚ふへし

第十二ヶ條

一神奈川にゐの條約取極の書翰を差越し是に答ふるには日本君主に於て
誰に委任あるも意の儘たるへし

第十三ヶ條

一玆に取極置所の規定は何事にようす若神奈川にて條約に違ふ事あると
も亦是を變する事なし
右條約附錄エケレス語日本語に取認め名判致し是を蘭語に翻譯して
其書面合衆國と日本全權双方取替すもの也

暦數千八百五十四年第六月十八日
日本嘉永七年五月廿二日下田に於て名判す

林　大學頭　花押
井戸對馬守　同
伊澤美作守　同
都築駿河守　同
鵜殿民部少輔　同
松崎滿太郎　同

森山榮之助

貴官の命を奉して

一一　老中阿部伊勢守門に題する詩

一題老中阿部伊勢守之門云　壬七月上旬寫

一世棟梁名望虚折膝羊犬意安舒莫言海内同其族輸得滿清林則徐珍膳餐
犬羊醜顔切情和一時延喘息後禍果如何
主客全殊地我勞彼逸遊方憐治世極穏平誤王侯怖戰阻人氣憐和蹈禍機神
公若靈在試問是邪非倉皇屈膝拜夷蠻苟且何如釀後患恨殺滿朝林立士一
人無復北椒山
北椒山北條相州之號歟

一二 異船渡來之風評數ケ條 安政元年九月以降

○嘉永七 九月 日月關東申來イキリスもアメリカの如く長崎と箱館
にて許すと云々
言語道斷也

嘉永七年九月十八日朝大坂湊天保山北沖廿丁餘ヲロシヤ舟一艘乘入軍船にて

も無之躰同夕酉剋天保山ゟ十四五丁手寄安治川四丁目へ小舟二艘にて廿八人計乗込直に上荷船十艘計にゐ差留候へとも留兼候處追々上荷船三四十艘取巻川上へ不上留止候尤兩奉行諸役人も走付居候故陸へ上候異人へ子細尋候へとも一言不通願書樣の物を奉行へ差出候夫も一向難分由異人は唯頭を地につけ禮節致し大指を差出し候言語不分數剋に及候處上陸の七八人落淚致し何分船へ返し呉候樣との仕方ゆへ先元船へ返し天保山へ諸役人藏屋敷留主居同勢引連陣取騷々敷事に御坐候右船にかなにておろしや國と記し有之候よし舟長さ三十五間巾十間餘と申事に候子細は一向不分候土屋相模守大坂城代家來大久保ママ、と申人當時の一人にて直に元船へ乗入見分候由賞美云々

右

又說　附武士用人見分之說右小舟にて四丁目迄來書翰筥を差出候へとも落手難致差返し候處異人はしきりに差置度樣子與力同心共漸々舟にて元舟へ送り返し書筥も返し欲歸處元舟の中より大に御

苦勞と日本言葉にて一言申候よし也又船に建候文字漢字のよしかなにてはなきよし也

九月廿三日尼崎沖へ又二艘乘込由也眞僞如何泉州海岸異船入津先平穩之趣には候得共別紙之通從明日差替被　仰出請取兩人晝夜五人宛可有勤番且不滿五人之節者裏番へ加番可相催但公卿兩人必可有參勤候事　近習之輩遠方他行不可有之候事

右條被　仰出候由廣橋前大納言被申渡候也

九月廿一日　　　公純

口上覺

一昨十八日魯西亞船一艘大坂近海へ渡來候得共先平穩之趣武邊ゟ申來候必不物騷樣可申入置旨關白樣被命候此段可申入由

兩傳被申付候尤御相番樣方へも御傳達可被成候以上

九月廿日

兩傳奏

雑掌

頃日異船飄著攝泉之邊事實未辨進退雖穩去　皇都不遠因玆四海無異變醜類速退散天下泰平國家靜寧萬民平穩御祈一七箇日之間可抽精誠被仰下候事

九月廿三日

長順

追申到著次第御祈始之事　滿座翌日卷數獻上之事

御祈抽丹誠之事雖勿論於今度者來近海事實不容易之間猶以可凝懇祈之事

大坂近海へ異國船乘入候段土屋采女正より申越候彼地者異國應接之地に無之何事も分兼候間長崎下田兩港之内へ相越可申旨申諭しいつれにも早々退帆致候樣大坂町奉行へ申渡候樣采女正へ申遣候旨年寄共より申越候此段爲御心得申進候事

九月

一三　大坂より來狀　安政元年九月

嘉永《安政カ》元 寅

八條へ十月八日巳剋大坂より十九日便

扨昨日申上候異船昨夕ゟ彌天保山十丁計西に碇をおろし小舟十計持參安治川へ唐人追々上り候不殘召取に相成夜前は御城代樣幷御屋敷中夜通ねいらす御心配被成候事に御座候

一淀樣三田樣高槻樣尼崎樣明石樣大和路御大名衆不殘猩々緋陣羽織著し尤馬上にゐ川口天保山濱邊に御陣取被成候石火矢大筒仕掛置嚴重に手當扨々見事成事に御座候尚又堺筋は馬上之人夥敷通行致大亂に御座候
一大坂渡海舟不殘御差止に相成猶又鐵炮かたけ通行心あしき事に御さ候尤大坂へ唐舟入來候事は昔ゟ無之事と申候今朝異舟見申候大さ京二條御城位御さ候丸て御城同樣にて白き帆廿四五掛け御座候船黒く御坐候
一金相場七十目餘に相成候
一米は昨十八日夕ゟ嚴敷御觸にて今朝ゟ三四匁計下落仕候

九月十九日

一四　京都風聞書　安政元年九月

廿日京都巳刻風聞書寫

一今日八ッ時彥根樣大佛へ御著御固之由竹田口膳所樣御固西の方丹波大（掃部頭は不被出張僞說也）

名御固の由

一大坂安治川へ小舟にゐ參候異人共御召取之上日本傳馬舟にのせ本船へ御歸しに相成よし

一紀州樣は殊の外物入九十九浦有之皆御固め有之元來此御國之要害さへ能候はゝ泉攝迄は不來筈之由大き成物にて大きに御迷惑なり

一紀州加田沖異舟通行之砌千石舟を大分出しとめ候へとも一向不構千石舟共押通千石舟は沈まん耳の由紀州大に不覺を取候との沙汰紀國にては大に秘し居候由

一天保山を築立候時の奉行夫となく臺場を兼てこしらへ候心取と也深き智略とて歸府後御側に召上と也

一當春長崎へ來候魯西亞とは別の舟の由

一能勢妙見山へ參候ても一向異舟は不見夜分固の火計みゆると也

一廿二日紀州ゟ鯨舟三艘押切堺浦へ注進熊野浦沖合に異舟十五六艘見へ

候由

此流星京都にても多見し葉室辨坊城家々内にも見し由也十月八日經之談云薩州に於て十五日夕方大のろしなあく大日本半國は見る積之由薩摩より京屋敷へ申來由也實否可尋

寅九月十五日夕方西南に落星有之其跡ウハバミの形ち凡三丈餘白雲歟顯
申候其形白に光あり口を開き白氣を吹出之形也其白氣者光はなし如何と
申居候處十六日夜紀州日高前ゟ湯淺前へ異船參り候趣大城へ飛脚到來藏
元ゟ十七日未明金子千五百兩差立候由十七日七ッ時前御城代土屋采女正
殿ゟ一番物見二騎初夜頃二番物見出明方前少し堺へ人數操出し石津邊陣
場に成十八日八ッ頃町奉行天保山へ場所見立に出馬と申事にて安治川筋
夫々人數出し騒申候全白氣爲知かと金相場も一匁餘十八日には引上け申
候米價は二匁餘引上申候

十八日夕方近邊ゟ鯊釣に參候者歸り候故相尋候へは晝過八時前黒き船に
て帆柱三本に帆を上け一艘入來り天保山ゟ西少し南一里半程向ゝ著船帆
をおろし申候釣船之内七八艘見物に參候へとも我々は參不申候沖釣に參

居候者は居なから致見物候由扨其夜は上荷物は不殘役舟にとられ川口御役所前ゟ安治川木津川尻無川都而提灯にて船之往來難出來程之由今日者觀音廻りにて淸水寺舞臺にㄧ遠目鏡持參見物人大賑合のよし

一十八日七ッ頃安治川四丁目へ小船二艘（黑船一 白船一）八人宛乘上陸いたし候美濃紙半分程の書附持參與力請取元船へ歸る同夜寅剋御城代一番手人數繰出し十九日明七時二番手繰出夜明三番手繰出す町奉行は安治川四丁目出張元船へ上船之積りにて御城代公用人大久保要と申人尾形幸蓉と申蘭學の醫師召連參候處中々上船爲致不申無利に上る積致候へとも後には劍突鐵炮差出候由無據歸り被申由又元船ゟヲロシャ國と片かなにㄧ小幟建置候由人之丈は常體ゟ少し大髮はざん切少し色赤し足は十三四の童子ならて無之由差出候書付讀人なし夫ゟ異人に逢候ても言語不通乍去日本人多く居候由にて異人者通し候ても表向故不通候樣子のよ

し十八日申刻觸十九日朝町觸有之近海へ異船參り候趣に候へとも全體此津立遠淺にて大船可入海にㇵ無之又艀等にて沖合砂先ㇾ留船候とも上陸は不致候樣夫々手當申付候間小供女供へも能々申諭候樣又いろいろ演說不致樣火の元入念常體致商賣候樣夫に付諸色直揚不致樣にと申趣意之御觸也　市中何となく淋しく生玉高津社內遠目鏡にㇵ群集致候今日は淀郡山小泉出張郡山は一岡新田本陣淀は天保山へ陣取候本陣はいつれか未知紀州三千人と申事にㇵ木津川固め木津願仙寺本陣に成道頓堀大分下宿致居候道頓堀は芝居不殘休之處中芝居初日十九日出笘に候へとも其儘不出西橫堀淨瑠理小供芝居影繪抔は一日も不休興行致候今日は金相場六十九匁八分觸に候へとも七十一匁五分迄之商ひ申居候上へ恐れ七十目之內に書上申候

廿一日東町奉行所へ參り樣子承り候處十八日安治川四丁目へ上陸之節

西町奉行之兩手をにぎり候由夫ゟ書付出し候處與力請取明日之事と奉行被申候へは承知々々と皆日本之言語也艸書書之樣子之由十九日與力を元船へ掛合に遣し候處座敷體之所へ入れ外ゟ錠おろし候由與力も驚候趣何か掛合歸候廿日又々其與力參候筈之處風烈にて得參不申廿一日には大方可參と申出候夫ゟ手前も天保山へ陣見舞に參り樣子も一見可致と出かけ申候安治川筋大賑合南北之堤見物人にて押合候程之事也併安治川四丁目にて役人詰居一通にては通し不申候又天保山入口板橋にて又々役方大勢にて通し不申候手前は兼其積りにて罷通場所へ參候處元船は傳法之沖天保山ゟ五十町程沖にて大棚と唱候場所日本之大船荷積下し候節かゝり候場所也最七八町近寄候は棚有之淺く相成所究竟之場所立かゝり居申候日本の船路能案內存知之者水先致居候と相見船大きさ凡五十間巾三十間も有之樣に見請申候其邊を上荷船にて取卷居申候又幟立替おろしや國と文字替り候よし天保山は御城代初米倉丹波守

其外諸藏屋敷不殘陣取申候サツマ細川阿波立派に候其外未陣屋普請にて大混雜天保山殘る場所無之北向にも四五ヶ所陣取申候大筒も陣に大分有之御城代陣中に居候内バツテイラと唱候由小舟を元船ゟおろし候とて大混雜に付濱へ出一見候へは七八間も有之革製之由小船に五六人乘黄色の帆三本卷揚申候片より柱あつて三方は何もなき樣に相見候前後中と帆卷へ中大前後に夫を日本之上荷船十二艘にて取卷候へとも其間をぬけ出候故上荷船八十挺櫓にて押切候へとも木津川口にて頓と乘おくれ異舟は堺湊へ入申跡より上荷船追々參連れ歸候よし夫迄は見不申候誠に矢をつく如く走り申候内々承候へは元船へ參り被乘候趣候へとも後難を恐れ私は參り不申候元船へ乘一見致候者に相尋候へは大筒前後左右に廿八挺つゝ都合五十六挺筒長さ五六間も有之樣に見請候由咄候又元船中三重にして日本人を乘込せ候處は外之一重計也

天保山御固之義は軍法も定て可有之候へとも素人了簡にては日本之大筒は元船迄はとゝき不申異船之筒は天保山迄可打程に長筒萬一之時天保山へ一二挺打込候は中に被居申間敷何ても隨見山いばら住吉邊に大筒を伏せつゝ引入れ不申候ては筒間に合不申頓と合點行不申候事に御座候何か願之筋有之樣に噂致候へとも下々にては頓と不分御城代も廿二日夕方公用人藤田勇と申人六日切にて江戸へ出立

一舟見物に參候者は乘船致し氷砂糖抔もらい候者間々有之由
美人一人見請候者有之よし

一高取人數二百人餘竹林寺本陣之由淀川筋も山崎は龜山公御固之由

一去廿七日異舟へ呑水を御遣し被遊候四斗樽百挺上荷にゐ運ひ候

一此元六條新田へ夜之内に大根を盗に上候由其足跡の小き事日本の子供

の如くきひすと覺しきもの無之よし

一御城代ゟ昨日異舟へ被下物

一にんしん大きな茶舟に　一艘

一あひる但たゝん計り　一艘

一鷄但たゝん計り　一艘

一かも瓜　一艘

一大根　一艘

一みかん　一艘

一かふら　一艘

一柿　一艘

一鯛　六百枚

右之通昨三日朝積出し候處同早朝沖の方へ帆を上候而兵庫沖へ乘出し

夫より紀淡の間を通り退舟致候由に御坐候
一天保山其外海岸御固御堅固に其儘陣拂なし
十月四日
此程異人四人計死去致候由申候
此間夜尾の魚舟へ取付肴くれと申候に付漁師立掛り異人叩き上け申候
由何れも劔鐵炮所持致居候とも日本人五六人も乘組有舟には手を出し
不申候よし
右十月四日廣橋家へ大坂ゟ申來候よし

一五　長崎より萬國へ海上里數

江戸板一枚摺丑八月廿八日寫
大日本長崎より萬國海上里數

唐南京へ　二百三十里
琉球國へ　二百五十里
朝鮮國へ　百七十里
東京へ　千三百里餘
南天竺へ　二千二百里
ジャガタラへ三千二百里
バタン國へ　二千五百里
阿蘭陀本國へ一萬二千九百里
ノヲバ新阿蘭陀へ四千二百里
イキリスへ　一萬千五百里
ナンバン國へ九千一里
カフリ國へ　七千里
キリシタンへ一萬里餘

南北アメリカ國へ　五千里　此二ケ國日本より東南にあたる

蘭船圖
略之

帆　數本
蒸氣　一本
車左右　二
小舟　一

長サ四十五間水車丸サ六間ナンバン鐵　巾十五間　石火矢　二挺
帆柱　四本　大筒　三十六挺　帆數　十五張
なんはん鐵
七萬五百斤積　人數三百人のり　黑素　十八人乘　ケムダし　二丈丸サ九尺

一六　海陸御固役人

豆州相州武州 上總下總房州 海陸御固御役人附

浦賀御奉行　二千石高
同　御助力　十萬石
同　大津　十七萬石
三浦三崎　三十五萬石
相州三ヶ所下田出張　十一萬三千百廿石
下　田　五萬石
相州御臺場大筒方　八百石
武州金澤　一萬三千石
同　本牧　五十四萬石
大森海岸　三十六萬石
本　牧　三萬五千石
芝　高輪　十五萬石

戸田伊豆守 井戸石見守
戸田采女正
松平誠丸
井伊掃部頭
大久保加賀守
水野出羽守
田村四郎兵衛
米倉丹波〔後カ〕守
細川越中守
松平大膳大夫
細川能登守
酒井雅樂頭

御殿山	三十二萬石	松平越前守
濱御殿	十二萬石	松平讃岐守
鐵炮洲佃島	二十五萬石	松平阿波守
深川洲崎	十一萬九千石餘	立花左近將監
木更津富津天神山	二十三萬石	松平肥後守
洲ノ崎	十萬石	松平下總守
同海岸	二萬二千石	酒井安藝守
同	一萬石	稻葉兵部少輔
同	一萬五千石	水野壹岐守
同	一萬石	林播磨守
同	三萬石	黑田豐前守
同	二萬七千石	松平備中守
下總寒川	十一萬石	堀田備中守

間濱ノ村　一萬石　森川出羽守
外海上總勝浦　二萬三千石　大岡兵庫頭
同一ノ宮　一萬三千石　加納備中守
下總銚子　八萬二千石　松平右京亮
御用掛　江川太郎左衛門
御代官　齋藤嘉兵衛
竹垣三右衛門
林部善太左衛門

惣御人數合三十九萬六千餘人
石火矢　六十挺　大筒　六百挺　長柄　一萬三千筋
車臺附大筒　三百挺　鐵炮　六千五百挺　ノツト　百二十本

同二枚繼板

阿蘭陀本國へ　一萬九百里　イキリスへ　一萬五千五百里
ナンハンヘ　八千里　カノリ國へ　五千里
南北アメリカへ　三千里　シヤカタラへ　二千百里
南天竺へ　三千二百里　バタン國へ　二千五十里
東京へ　千八百里　琉球へ　三百五十里
唐南京へ　三百二十里　朝鮮へ　二百五十里

アメリカ蒸氣船之圖

略之　長六十間　船中　卅五間
帆柱　三本　帆數　七張
石火矢　二挺　大筒　四十六挺
黑素　卅二人　水車四輛尺口十間
大舟　一　小舟　二

先豆州相州武州上總下總房州海陸御固御役人附
一丁板と頗有相違不知何是依繁多略玆
惣人數四十七萬九千五百餘人云々

一七　長崎風聞書　嘉永六年八月

——七月中頃より長さきへおろしや船四そう參り壹岐守樣俄に御出も
御さ候てたん〳〵御家來も長崎へ被遣候　嘉永六年
右九月三日出平戸ゟ候文

嘉永六
先月十七日ヲロシャ舟四艘當地湊へ入津仕候處本船五六十間計乘組人數
四百五十八餘二番舟四十間計乘組百人餘三番舟二十八九間乘組五十人餘

四番舟十二三間乘組十四五人惣人數七百人計にて罷在何歟心願之筋有之
趣にて書翰差出候に付從公邊御取揚に相成早急飛脚を以江戸へ御注進有
之候處江戸よりは御目付衆御下向之由當九月御交代之御奉行樣にも道中御
急にて當月下旬頃迄之內御著之由扨又右異船入津にては兼て嚴重に御觸
出之通九州九ヶ國長門對馬等へも國許へ人數揃置さつと申節は一同軍勢
繰出候樣被　　仰渡候事に候先當節第一番乘大村公二番に島原公三番筑前
公平戸公各方平常之御供廻に十倍增にて御繰出し實に海陸共に市をなし
候然處右四艘之內一艘火輪舟と申小舟車を仕掛石炭を以火を燃し火勢に
應して風を取海上飛鳥の如く相走候由既に先月廿四五日頃申出候には私
とも最早三ヶ年も本國に歸り不申候に付此節國王之安否如何と存候間伺
として差遣段公邊へ願上候處歸帆可致候て四艘とも一同に可罷歸旨被
仰渡候へは本國迄往反十四日目には立歸候間暫く之間御猶豫被　　仰付度
申述直樣出帆仕候由同廿六七日頃又々舟中粮米其外小入用差支之品有之

に付急に相求申度候に付今一艘本國へ立歸申度段願出候處御聞濟之上出帆殘り二艘之大舟在留仕居申候將又先月廿六日夜二更頃ゟ五更頃迄之內海陸共に都合六度程色々化物出來り諸人を相惱し候よし其中に取分て諸公方御飾り付之御坐船何も紫之幔幕或者布幕五色幕打廻し弓鐵炮鑓長刀之類嚴重に飾付さと云は打取んとの思召諸士晝夜手くすね引て相構ける所に大津の車牛の樣なもの數十疋先に立大勢のヲロシヤ人具足を著し或は惣髮又は坊主もあり色々に姿を替何も拔身鎗長刀又は突劍を持打立掛り候景色に候御座舟之面々打捨んと存刀を拔んとしても一向不拔鑓を取んとしても手足自由にならす惣身しひれ相惱み力に及かたし餘り苦敷紛れ何となく舟々一同に聲を上唯ワア〳〵〳〵《引》〳〵《引》〳〵呼はりける計也寄手の化物は一同に鯨波を上只ヤア〳〵〳〵と陣鐘大皷に而責立候景色に而誠に〳〵恐敷事共なり全くヲロシヤ人邪宗門の法を以妖怪を行ひ候と風聞致候且又皆舟々に狐狸を數十疋飼居候由に而多分は狐狸の業にも有やら

んとの事市中評判區々也當鎭代にも不容易御心痛被爲成候趣にて於當社天下泰平御武運長久國家静謐臨時御祈禱相務候處不思議と其妖怪當月一日之夜迄にて消失致候由右に付ては全く御神德相顯退散仕候はんと舟々は勿論市中共一統安穩致候趣粗承申候夫に付舟々ゟも御祈禱之御禮御守等頂戴に罷出者數不知候扨々珍敷事也當節諸公樣御繰出人數凡二十萬入計と申事に御座候尤當時江戸御伺中之御下知相濟候迄は諸公方皆々御國許へ一先御引取に相成乍併家來之向々は皆御番所其外數十ケ所之御臺場飾付當地之臺場は高木作左衞門殿幷御鐵炮方臺場又は町年寄藥師寺宇左衞門にゐ相構へ夜に入ては萬燈にゐ賑敷寔右今稀なる珍事にて申上度事筆紙盡しかたく荒々取縮相認候尙又追々後便申上候御熟覽後此書中御燒失可被下候

八月七日認　夜分は蠟燭一萬斤つゝ燒候由に候社司ゟ丑秋來文也

右長崎

一八　加州錢屋五兵衞本宅有合品物　嘉永六年八月

加州石川郡宮腰浦錢屋五兵衞と申者昨子年中被召捕吟味之處羽州秋田奥州弘前松前口出店有之手代何れも三四十八つゝ地元にて抱入年來異國交易を專致候事故相顯候五兵衞義八十歳餘に相成舊臘牢死致候由同人當時貯物之義本宅取調有之候處左之通出店之義は未御取調無之有之候品ニ相知不申候

加州本宅有合

一大判九十九枚入　三十箱　一二千六百六十六枚　小判
一三萬六千六百兩　古　金　一九萬千三百三十兩　二步金
一十六萬五千三百廿兩　二朱金　一十五萬六千五百兩　一步銀
一壹石貳斗小玉銀　但目方二千百八十三貫目　一七十八貫五百廿兩　加州札紙目方
一千百六十貫文　四文錢　一廿七萬五千三百兩　用立金

一三萬五千四百石　有米　一五千四百石　大豆
一五千三百石　小豆　一五千三百樽　燈油
一八萬五千三百石　持高　一□鹽藏　一ヶ所
一唐物藏　一ヶ所　一土藏　七十八
一諸道具　數不知　一二千五百石船　四艘
一千五百石船　六艘　一千石船　六艘
一八百石船　二艘　一五百石船　十三艘
〆三十三艘

本八五兵衛悴喜太郎二男八之丞三男由藏右之者御調相濟候迄加州樣御參府無之三ヶ國御巡見と申事に願立當八月中御參府之由日々御評定所大廣間御出座にて專交易御取調有之候

丑八月

右丑八月借石井家寫之

一九　松平越中守申立書

嘉永六年八月十三日

太平打續武事衰弱の時に候間此度亞墨利加國之要求一切御斷被成候はゝ忽ち兵端を開爭戰に及ひ國家之安危存亡に拘り候に付御許容之容易に究難き事否難被遊事は勿論に候得共今度持參之國書等頗威刧に相見へ候神武帝開國以來夷狄之凌辱未曾受蒙候義無之既に弘安之頃蒙古入寇之時北條時宗陪臣之分として兵力を以て其鋒を撃挫き我　神州保固し其威萬國迄も相輝候陪臣時宗と引比へ候得は甚以憚入奉存候得共到大到極之御職掌被爲當候事に候得は御國耻を被爲忘御國體をも被爲失通商通信御許容之筋被對御職掌決して有之間敷哉と奉存候得共萬一苟且之思慮に陷り國家安全さへ有之候得は權時之宜候間一先夷賊之意に適し通商交易迄も望之儘に被任一旦之患を緩して其内には武備相整國内充實之時に到り通商御停止被成交易場も御取戻し可然なと申儀も出來可申哉如何にも老練

遠慮に相開可申候得共其實は天下之大事を誤之極にて始終永安之見込有之事には有之間敷一旦通商を許し無事平穩之御取扱に相成候而は人々目前之安を偸み游惰衰弱に流れ何程に世話御坐候ても通商御停止交易御取戻しの義は決して相叶申間敷候乍去夫は兎も角も通商御制禁之儀は建國以來之御國法九州大名初今に到り右之御國法急度相守罷在太平無事之内にも夫々海備應身相用候義にて近年猶又度々海邊手當筋之儀御沙汰有之外夷に被對御國職不相失御主意度々被仰出も有之處亞墨利加恐嚇之文言により御職掌之實難相立天下後世如何相議候はん無此上御恥辱實以恐入候殊更御國法を被爲枉亞墨利加通商御許容之趣に候はゝ魯西亞諳尼利亞を始西洋諸蕃默々罷在候儀は曾て有之間敷候且今度之異船渡來之根元諳尼利亞等之素より同氣類之國にて倶に申合其指授を得罷越候事も難計左候はゝ此度諸蕃各難題ヶ間敷申越候事不可知是を拒み候はゝ兵端を長し其意に從候はゝ種々凌辱を受國力盡果可申且又交易場を御聞屆に候はゝ

彼も商館を取立可申左候はゝ諸蕃入込來號令不行屆清國之大邦にても其害不少況や日本之狭隘諸蕃御引受可被成地所も不相見乃至御引受に相成候而も彼是御障筋出來候儀顯然之義に付日本地方へ御受之交易は誠に拙策之至に候夫等之處過量仕候得は一旦之御許容永世大患之基と相成中々一日御安心之場は決而有之間敷且御國法を被爲守交易筋御斷に相成候はゝ定て兵船差向兩國戰鬪に及可申兩海諸島にも侵奪之儀も可有之候得共兵端彼ゟ開候義に御坐候間所謂無名之師にて直在我と申もの故他日恢復之功も易得候然は一旦御許容の上にて它日兵力を以て御取戻相成候はゝ曲在我之筋合にて必勝之期有之間敷且戰は危事生民之死生社稷之存亡に係り候事にて不容易義は勿論之儀に候得共是には御下知仕置何程も可有之人事を被極盡候上は天命之然らしむる所此時宜に至りて恐なから是迄之御厄運不及是非一筋に御決斷之外無餘義候彼書中劫制之意を含み表には兩國和平之意押立候樣相聞候には曾て不及事に付隨分御答方も彼書面

に被應御咄向被成可然候付而は先年魯西亞幷其餘通信交易相望候所ヶ様〱と御答被及候處今更其國へ新に通信交易致候はゝ魯西亞其他外國へ被爲對御信義不相立素より時勢之變革有之義には候へとも數百年之祖法御改革に相成候段是又御本意不成事に付御斷被及其書中事件之内漂民撫恤之事は申旨により御取扱可有之旨被仰遣方も可然哉此一事此事之振合相違相成且此後數々渡來可致事にて御手數に相成候共是等之儀は御緩め被成候共却て樣子を探り知り彼に所長船艦火攻之術を奪ひ戰所用に相成候一助に可有之右御書取之趣により愚見御達申候宜敷御取計可被下候猶又今度浦賀表にて書簡請取之儀全く一時之權道之趣餘儀も無御坐候乍去長崎表は外國御引請之御場所富津は江府第一之御要害之儀天下一同相心得罷在候事に付今度浦賀表にて國書御請取富津内海へ乘入測量自由に致候て御差構無之是は爲天下に疑惑を生し且海外諸蕃へ相聞へ候處如何有之候哉過去候事には候へとも御思慮を被加益綏々御示置御坐候樣奉望候

事に御座候

嘉永六丑年八月十三日

松平越中守

二〇　水戸齊昭不可和十ケ條　安政元年正月

水戸齊昭卿不可和十條

水戸前中納言齊昭卿撰

不可和十條

示閣老之文

一朝鮮征伐慶長寛永之切支丹御禁絶等之明斷武威海外に振ひ居候然處此度渡來之亞墨利加夷御制禁を心得なから浦賀へ乘入り和睦合圖之白旗を差出推て願書を奉り剩へ內海へ乘込み空砲打鳴し吾儘に測量抔致其驕傲無禮之始末言語道斷にて實に開闢以來之國辱とも可申候城下之盟は國之耻と承候處右之通御制禁を犯し大城程近き內海へ乘込み我を刧

し我を要し候夷賊御退治無之而已ならす萬一願之通御聞濟に相成候樣にゐ者乍憚　御國體に於て相濟申間敷是決ゐ不可和之一ケ條候也

一切支丹宗之儀者御當家御法度之第一に相成居國々末々に迄高札建置候處夫にゐさへ御住置に相成邪敎の毒夢にも御油斷不相成候況や亞墨利加を新に御近付に相成候はゝ何程御制禁有之候ゐも右宗門自然再起之勢必然之義乍憚祖宗之神靈へ被爲對御申譯無之決ゐ不可和之二ケ條也

一我金銀銅鐵等有用之品を以彼羅絨硝子等無用之品に換候義大害有之ゐ小益なく候和蘭之交易さへ御停止にて可然時勢に候都ゐ蘭阿陀之外に又々無用之交易御開に相成候はゝ神國之大害此上者有間敷是決ゐ不可和之三ケ條也

一ヲロシヤ　エンケリヤ等先年より交易を望候へ共御許容無之候處亞墨利加夷へ御許容被遊萬一魯西亞英吉利等より願上候へは何を以御斷可被遊候哉決ゐ不可和之四ケ條也

一夷國人は元來惡心無之交易さへ御許容有之得は何等之子細無之抔と世間噂候へとも初は交易を以て因を求め終には邪教を弘め又は種々之難題申懸候義彼等か國風にｍ有之遠くは寛永以前邪宗門之患近くは清國鴉片烟之之亂前車之覆轍に候是決して不可和之五ケ條也

一萬國之形勢往古とは漸々相違いたし候得共我　神國のみ鎖國之趣意を守り大海中に孤立致し候義始終無覺束候間矢張外國と往來致し廣く交易之道を通候方可然抔と云説蘭學者流之者窃に唱ゑ候哉に候へ共　神國之武心固結武備充足中古以前之國勢には回復致し候はゝ外國よりも押渡り恩儀を弘め候事に相成可申候とも當時太平遊惰之風俗外國より僅に數雙之戰艦渡來候ｍさへ人心恐怖致し彼に要せられ交易始候樣にｍは外國に渡り遠略を施し候事抔無覺束候左候へは交易之道を開く之法眞に席上之空論とも可申歟是決して不可和之六ケ條也

一彥根若松等へ守衞被　仰付既に此度抔は會津家來共炎天を犯し七八十

里の遠路晝夜兼行馳付候由大名達に人數繰り出候義も相聞へ奇特之事に候趣夷賊内海へ乘入り我儘に測量等致し候ても打拂之義不相成諸國之士民空敷奔命にのみつかれ候樣人々解體可有之是決して不可和之七ヶ條也

一長崎海防黑田鍋島へ被　仰付候義淸國阿蘭陀等のみの手當にて無之惣て外夷の御手當に可有之候處浦賀近海にゐ外夷交易之願書御受取相成候樣にては間道之往來を御許故兩家無用之御關所番に被　仰付置候姿に相當り兩家之氣請如何に可有之候哉是決して不可和之八ヶ條也

一此度夷賊之振舞眼前一見致し候得は匹夫にゐも心外に存斯迄無禮之夷賊御打拂も不被遊候上は御臺場之御備等何に御入用可有之哉と内々相歎候者も有之由實地にて夷賊驕傲之振舞を見候てはいかさま右樣に可存筈なり小民なからも御國恩に沐浴いたし候故實に賴母敷次第無智之匹夫さへ右樣相歎き御打拂之義御決定に不相成候餘り寬宥仁柔之御所

置のみにては下には御思召は不分候故奸民共御威光を不恐異心を出し候も難計是決して不可和之九ヶ條也

一夷賊打拂之義者祖宗之御定論誠に文政之度審に被仰出候義に候得者御思召は固より大平打續武備御備り兼候處容易に夷賊之氣を倣らせ候はゝ其禍ひ難計兵及相接し不得止事和睦之御取結に相成候樣にては益御威光を損候故先々當節は枉て御忍ひ夷賊之氣を御ゆるめ置其内專武備御世話被爲在追々御手當御全備之上彌舊法之通嚴重に被仰出候而可然と申も尤之論に候へ共當時宴安姑息之人情朝暮御勵し被成候而さへ必死之人氣に相成兼候況や上より武事御示し不被成候はゝ幾年を歷ても諸家之武備相整候義無覺束候既寛政蝦夷騷動により御武備御世話御坐候得共御行屆に不相成候又去寅年打拂御猶豫被仰出畢竟外夷之氣を御寛め其内武備御整之御趣意と相見候へとも十二ヶ年之間諸家之武備格別に行屆候共不被存此度夷賊渡來には狼狽致し夷船滯泊中少々本氣に

相成候者も有之候へとも出帆に付平日之通心得候樣被仰出候へは一統
又々無事に安し俄に相集候武器も直樣散失致候との風說假令は椽の下
に火之廻り候とも不心付火防之手當も忘れ居候も同樣之姿實に淺間敷
士風に候也廟堂にて聊も和議之御含有之候へは日々御觸に相成候而も
人氣引立不申從而臺場其外之手當も皆文具にて軍用に適し申間敷候也
今日にも彌打拂之方に御決定被成候へは天下士氣十倍致し武備は不令
して相整候義影響より速に可有之左候へは征夷之御大任にも被爲叶諸
國一統武家之名目にも相當り可申候是決して不可和之十條に候也
右肝要之急務且和戰之利害右に而粗相盡し候得とも和議に泥候者は防
戰を好み不申戰を主として事を好み亂を樂候樣讒言致し候甚敷に到而
は戰を主としたる者を罰し敵方へ申分致し和議を取結ひ終に滅亡を招
候類笑止千萬に候　神國勇武之俗一旦　廟議御一決之上は右樣臆病之
聞へも有之間敷候へとも忠言逆耳良藥苦口姑息苟且之人情に溺れ安き

者故兼而御用心可有之一旦御決定之上は始終御動き無之義海防之第一
義と被存候以上
右不可和十條
嘉永七甲寅年正月

二一　狂歌・和歌　十九首

日本とまたちやるめろも吹ぬまにあめりか舟は解ていにけり　有功
日本《ケ唐人ナト、》を茶にして《に》きたか蒸氣船皆うか《タッタ四ハイテ》されて夜もねられす
浦賀にて名物なれや唐迄も皆もらひ行水のあめりか
異國船ま近くくれは大名は大つゝよりもひゞくしんしやう
またくるとかたひかたきのいこく舟うらかなしみとはなすつゝ先
あんしてかうこつく跡へいこく舟又くる迄は少しおあいた
またくるといわれておいらんきもをけし浦賀いやさよ文の理

とにかくに引付たかるあめりかを先春迄と引のはしけり
此國はまたちやるめろも吹ぬまにあめりか舟はとけていにけり
春くれは又も引付あめりかを神風吹てちやるめろにせよ
さきかけて散てふ物は武士のみちに匂へる花にそありける

水戸齊昭卿

心有人こそしらめ張弓の引なれつへき時そありける

安部伊勢守中老へ具足に添送之

同卿

立田川にしきをそむる紅葉はもちらすは人のいかてめつらん

阿部左衛門尉へ送之

末の世のなまくら武士の今め覺あめりか舟の水戸のよきを
なむさんほう江戸はめくらとなりにけりけふもおかため明日もおかため

狂歌

武具馬具や計唐人様ヲツケ　シンキヤト士の下にて猿かい〵《ナキ》
武具馬具屋アメリカ様トソツトイ〵
唐人か來ても日本つ〵《筒》かなし　今の武士皆うち《内》死と覺悟なし

ぼろの出ぬ先にいこく洗はりほといてみれはうらかやく《大變ィ》たい

具足より利足にこまるよの中はすねあてとこか御手あてもなし

中山忠能履歴資料 巻四 自安政元年 至同五年

一 長崎來朝唐人書上 安政元年七月

當時唐國騷亂之次第申上候樣御尋之趣承知仕候右は道光三十年之頃より烈敷相成廣西廣東無頼之賊黨相集り供秀全揚秀淸と申兩人之者張本にて同類次第に相增脅從之者も不少或は二三千人又は四五百《萬カ》人も諸所ゟ手を分て亂妨に及ひ剩官府ゟ打入城郭をも奪取り大砲地雷火等を相用ひ隨分軍略にも達候者も多勢語合候趣に御座候右之者共何れも惣髮に相成頭に赤木綿を卷居候故官軍にては紅巾賊または長髮の賊と相唱申候昨丑二三月頃江南の内揚州鎭江南京三ヶ所別て賊勢多く四五萬人も相集三ヶ所共城郭を奪ひ取其地之官員討死不少追々隣縣諸所より軍兵操出し京都よりは欽差大臣下向にて十月頃に到り揚州は速に恢復致し賊徒何れも鎭江南

京ゟ逃集り堅く相守居候を官軍取圍兩所通路不相成樣斷切罷在申候右南京は明大祖建都地にて至て要害宜敷多分急には落城致す間敷哉勿論火炮等にて鏖に致し候得者速に退治可仕候得共賊兵之内に良民（民百姓一本）脅從之者も不少玉石不分義を心に□忍唯緩攻にて粮道を斷切自然と降參いたし候樣欽差大臣之謀略之由に御座候右に付此節唐國出帆之頃迄者勝敗相分不申候將又右洪揚之兩賊兼て木偶人を拵へ天德皇帝と唱へ至て尊敬致し軍兵之進退右木偶人を祈り其示現に隨ひ決斷いたし候由畢竟妖術にも可有御座哉然る處昨五月頃俄に風雨雷鳴烈しく右之木偶人雷之爲に擊碎いたし夫より洪秀全天德帝と僞稱いたし候由に御座候此外別に一種之賊小刀會と唱へ福建之者之由兼て良民體に身を扮し活業之爲に世間を遍歷し合圖次第一所に相集り忽（同心一本）徒黨却奪いたし候由右之示合は銘々小刀を隱し持居何方にて出會候とも右小刀を以て割符といたし申候尤城地を屠り州邑を割據致し候者は無之唯々財寶を奪ひ得候得は直に何方となく離散いたし申

候嘉慶道光の頃より此種類諸所に在之追々流布仕候趣承及候處近頃は餘程多勢に相成既に昨八月上海縣江三千人程も打入官庫を刧し縣令も被討候趣且同所江滯在仕居候イキリス人江馴合候哉にも承申候乍去是又官軍多勢押寄候間多分今般は退治仕候半と奉存候右之外湖南湖北武昌九江福建等之内諸所（一本物騒しく）續々一揆徒黨蜂起いたし諸民之難義不一方歎息千萬奉存候尤北京近邊にも一兩度廣西賊徒之内罷越候得者滿州奉之官軍に被追討敗北仕候趣に御座候猶此後如何成行可申哉何れも懸念罷在候右當時蘇州邊にて専ら取沙汰仕候風説に御座候御尋にて此段申上候

寅 閏七月

王民（一本江星（一本含）餘句）（船主）
十二家揚少棠

右嘉永甲寅於長崎當節來朝の唐人より書上和解差上申候以上

寅 七月十一日

二　老中阿部伊勢守より大目付等への達書　安政元年七月

阿部伊勢守殿御渡　大目付へ

大船製造に付ゟは異國船に不紛樣日本□船□者白地日の丸幟相用候樣被仰出候且又　公儀御船之儀者白紺布交之吹貫帆中程へ相立帆之儀白地黑に被　仰付候條諸家においても白帆は不相用遠方にゟも見分候帆銘々勝手次第相用可被申候尤帆印幷其家之船印をも兼ゟ書出候樣可被致候右大船之儀者平常廻米其外運漕に相用候儀勝手に候得共出來之上は乘組人數幷海路乘筋運漕方等猶取調可被相伺候

七月

寅七月廿二日　大目付へ

内海御臺場二ヶ所之分出來候に付布衣以上之御役人見置候儀相願候分者
勝手次第相越不苦候日限等之儀者松平河内守岩瀨修理ゟ承合候樣可致候
此段向々ゟ早々可被相達候事

七月

七月廿四日　　大目付　筒井肥前守

海岸防禦筋幷異國人應接之御用是迄之通學問所御用御免

御勘定吟味役　岡田利喜次郎

海岸防禦筋之御用幷御臺場御普請大筒鑄立其外御船製造之御用可相勤候

同日

御軍制御改正掛ゟ

公儀御軍制之儀前々より之御法式も有之候得とも當今之時勢古來之御備
立にゐ者不都合之儀も可有之御取捨之上御改正有之可然被思召候依之御
實備之所御大切之儀に付此度夫々掛被　仰付候事故得と御勘考之上御申

分御見込被仰立永世之御規則御定可被成候樣との御沙汰之事
右之通水戸前中納言殿被相達候間追々被仰立候儀も可有之に付爲心得相達候事
水戸前中納言殿へは當月五日於御座間御達し相成候

御軍制御改正掛ヘ
小十人頭　執　善右衛門
小普請奥田主馬支配　福島傳之助

御軍制御改正被仰出候に付是迄之御備立其外等相尋候儀も可有之旨相達置候事

大目付　井戸石見守
筒井肥前守

御勘定奉行

松平河内守

川路左衞門尉

御目付 鵜殿民部少輔

一色邦之輔

岩瀬修理

御軍制御改正被仰出候間右御用可相勤候

三　大阪座摩神社務より異人渡來の書翰 安政元年九月廿一日

御狀被下難有拜見仕候秋冷之砌御座候得共先以御安康被爲成御座珍重之御儀奉存候然者當地へ異國船入込候段御聞被達候由如仰當湊天保山ゟ一里餘沖へ壹艘參居候尤此度之異船は兵船とは相見へ不申天保山ゟ十四五丁程此地へ安治川四丁目と申所迄小船に廿八人のり急に乘込候夫故上荷

船十艘計にゐ留め候得共留兼候所追々上荷船三四十艘も致急に取卷川上
には上け不申四丁目にゐ小船留り候所尤兩奉行所諸役人も走付居候故陸
へ上り候異國人を何故の事か段々相尋候得共何分一言も不相分先願書樣
の書付を奉行へ差出し候丈けにゐ夫も一向不相分由然る處異國人唯地に
頭を付禮致計にゐ言葉不分數剋に及候處陸に上り候七八人の異國人大に
淚を流し何分船へ返し吳といふよふな仕方ゆへ先元船へ返し候夫ゟ日夜
不分た天保山へ諸役人は勿論藏屋敷留守居等同勢引連陣取致騷々敷事共
に御座候右異國船にかな文字にゐおろしや國と記し有よしに御さ候船の
長さ三十五間巾十間餘と申事に候子細に何故に參り候哉頓と不相分候追
々後便に可申上候決ゐ兵船にゐ者無之候由也又風説に京迄も參るなとヽ
申候得共一向左樣の勢は無之候尙追々可申上候當廿一二日神事祭禮にゐ
一向取紛居候故荒々奉申上候前後亂文亂筆之段別ゐ御用捨奉希上候先右
申上度早々如斯御座候恐惶謹言

大坂座摩社務渡邊近江守

九月廿一日

大江三河守様

四　河内道明寺よりの書翰　安政元年十一月四日

河内道明寺

（安政元十一四）一筆啓上仕候向寒之節御座候處御上々様方益御機嫌能被爲遊御座奉恐悦候將亦貴所様彌御安泰珍重奉存候然者今朝五ッ時過ゟ不存寄當地大地震にて和上様始め皆々様方にも大に被遊御驚乍去山内には別條無御座候間先つ御安心可被成下候其御地者如何

御宮様奉始　上々様方にも無御別條御機嫌能被爲在候哉折角御案し被申上候に付一應御様子御伺申上候先者右之段取急き變事御伺貴所様迄從拙者共宜可得貴意旨被　仰付如斯御座候御序之剋可然御沙汰可被下候恐惶

謹言

十一月四日

三之室内

辻　官　治

三　根　恒　三　郎

三　根　文　治

中山様御内

大口甲斐守様

五　南都よりの書翰　安政元年十一月七日

以手紙得御意候然者去四日辰下剋ゟ不存寄當所大地震夜分毎々五日申之剋過又亥之剋過兩度餘程强震動其外小震度々同六日暮時分又强動今七日朝又强動然る處今七日朝御所ゟ相達候其御地も大地震御様子承之則申入

候處驚畏被存候御別條不被爲在候哉被相伺度候當所も右之次第にて取紛
混雜罷在御伺使可被差上處無其儀宜各樣迄可得御意被申候如此御座候

十一月七日

南都世福寺

井上雅樂

田中河内介樣

六　大坂よりの書翰　二通　安政元年十一月十一日

九日出之御書面十一日到着致候如貴命追々向寒之節相成候候處
上々樣益御機嫌能被爲遊御座恐悅至極に奉存上候然者去四日大地震定て
御驚可被遊併　上々樣御別條無御座候段大慶奉恐賀候偖當方も四日ゟ震
出し五日未之剋怒浪涌出仕河々橋等打落大船小船河々は押登り覆沒致候
事故死傷之者數千人有之誠以其大變中々以紙筆難盡所謂蒼田變爲海之勢

實可憐之至に御座候乍併拙宅者無恙遁去無事に罷在候間乍憚御安慮可被
下候先者御報申上度以愚札早々如斯御座候頓首

十一月十一日

大坂
田中執負

大口甲斐守様

○

御狀被下難有拜見仕候如貴命向寒之節御座候處彌御安泰可被成御座珍重
御儀に奉存候然者此程大地震に付而者
御所様奉始上
御上々様嘸々御驚被爲在候半乍併無御別條候段重々目出度御儀御祝奉申
上候爰元强震高浪等御尋被成下別而難有御禮奉申上候高浪には大に驚候

得共皆々無事罷在候段乍憚御休意思召可被下候先者御禮旁御答奉申上度
如此御座候恐々
十一月十一日
大坂薩摩藏屋敷
大原万右衛門
大口甲斐守様

七　紀州熊野崎内邊震災之通知　安政元年十一月廿七日

紀州熊野汐見崎内　安政元十一月　紀州
一櫛本　家數四百軒之處
大津浪にて引込
一大島　同三百軒之處
貳百五十軒計引込

一橋　杭　同五六十軒之處
不殘引込

一古　座　同四百軒之處
三百軒計引込

是より
新宮ゟ木の本迄之町
十四五ヶ浦少々ツヽ引込

一木の本　家數四百軒之處
不殘引込

一南（尾鷲之事）浦　家數千五百軒之處
八郎兵衛之三階藏一ヶ所
殘り外に土藏寺院共不殘
引込死人六歩通り

矢口浦　深賀利浦　勝浦
白浦　三浦
右五ヶ浦不殘引込也

一長島　家數千軒之處百五拾軒
殘り八百五拾軒引込

一錦浦　家數三百軒之處
不殘引込

是より十四ヶ浦不殘引込候
阿曾浦是より伊勢地也
右者十一月五日夜之事
右見分役人より書上け寫尤も熊野地計也

熊野路より若山迄之書上け

未た不承跡ゟ可申上候事

寅霜月廿七日

八　地震の報知　安政元年十一月

安政元寅年十一月

五日津浪にて豆州下田表異國滯船之魯西亞貳艘外に亞墨利加三艘右之内亞墨利加者無何船押碎き異人も船も忽に水之下に相成候哉見え不申候由猶又魯西亞は浪を請候事委敷由にて津浪高く打來候を浪の方へ方と船を請け居別條無之旨尤下田湊千間と申地崩流尤多人數流死候由右之内四百五十何人と申もの魯西亞船中ゟ傳馬船を數艘出し日本人を助け申候旨右に付異人助け候人數引連下田奉行ぃ直樣差上け同時異人申候に私共右船之紛船底大破に付修覆仕度下田湊ぃ上陸御免相願日本御作法は相背不申旨申上直樣御免に相成船修覆仕候由右に付て者公儀ゟ魯西亞人上下五六

百人ハ三度共御飯被下候由乍然魯西亜人ゟ一度之飯料を上下之分ちなく壹匁三分ツヽ之勘定にて相納候趣にて甚公邊にも御心配之趣尤被下候御料理者一番下之處一汁二菜位之御仕出し之趣異人も右に者不存寄儀と申困り居候趣乍然一度壹匁三分勘定にて一度に勘定納め申候趣公邊にも御困り之由其外に東海道今般地震にて破損に付御往來六ケ敷候はヽ我國ゟ大艘を送り候間右に被召御通り被下度抔申上候由にも承り申候魯西亜は亜墨利加とは餘程靜に致居人かしこきあしき國之由何分此節修復最中に承及候

九　下田異國船の風聞書

安政元年十二月

十二月六日夜認

豆州下田表滯船之魯西亜貳艘亜墨利加三艘之處先月四日五日之津浪之砌下田表海岸千間之處流損致し其節魯西亜者貳艘共破損輕亜墨利加者三艘

之内貳艘丸切浪をかふり破損致し人數五百人計溺死之旨然處魯西亞者下田流損之人を傳馬船を出し助け亞墨利加人の流死を見捨置唯日本人を助け候由其後事靜に相成候後一艘殘候亞墨利加人ゟ魯西亞人ニ應對之風聞墨人ゟ魯人へ今般不計海中地震に付我國之船貳艘流損死人夥敷有之候を貴國者日本人を助け同盟之我國人を助け不呉は何故哉と申強き難題申掛け不足之旨にゐ返答聞度由申掛け候處魯人答に被申越候趣至極尤にも候得共外海之中我等別ゐ出來候儀なれは直樣貴船へ助け船出し候得共此地者日本人所屬之地故斯來滯船中異變有之候ゐ我船別條なけれは日本人之難儀を助け候者理之當然之由申答候よし然れとも亞墨利加人一向不承知立腹にゐ議論仕候由然れとも魯西亞は左樣申掛られ候からは望もあらは一戰も可致乍然其國は何故日本之地に入込居候哉此地にさへ滯船無之候はヽケ樣之難變も有間敷抔と申一同苦にも不致候趣乍然此議論等にゐ公邊御役々にゐ強く御心配之由風聞承申候云々

十一月十三日

右二帋借公純卿寫之 安政二正十六

一〇 土州城下及在等の形況書 安政元年十一月

十一月五日

御城下中　土州

一焼失家　千八百七拾六軒

一潰家　五百六十八軒

一半潰　三百九軒

一怪我人　三拾九人

一行衛不知者　四人

一死人　百五人

高岡郡

一流失家　千貳百貳拾軒
一潰家　貳百三拾六軒
一汐入　百四拾九軒
一行衞不知者　八拾五人
一怪我人　貳拾參人
一流死　拾五人

土佐郡

一潰家　四百五拾貳軒
一半潰　五百七拾七軒
一死人　拾人
一燒失家　貳拾軒

吾川郡

一潰家　三拾軒

一半潰　五百貳拾貳軒
一流失家　九拾軒
一死人　六人

長岡郡

一潰家　五拾四軒
一流失家　壹軒
一汐入　六軒
一死人　三人

安喜郡

一潰家　貳百九拾三軒
一半潰　貳百五拾四軒
一流失家　九拾六軒
一波入傷　四拾壹軒

一流死人　貳人
一行衛不知者　拾七人
香我美郡
一流失家　四百五拾六軒
一潰家　百四拾八軒
一半潰　四百六拾軒
一死人　拾八人
一行衛不知者　貳人
一怪我人　七人
幡多郡
一焼失家　百三拾五軒
一流失家　貳百貳拾七軒
一潰家　八百貳拾三軒

一半潰　八百貳拾貳軒
一怪我人　五人
一死人　六拾三人
右之外被損所夥敷
都合
燒失家　貳千百拾五軒
潰家　貳千六百一軒
半潰　貳千四百廿一軒
行衞不知者　百八人
怪我人　七拾七人

寅十二月廿一日寅中剋土佐郡潮江村出火同卯下剋消火覺

覺

一燒失家數　百四拾五軒

　內

　　貳拾四軒　諸奉公人御家老中家來 地下宗門に不入分

　　百貳拾軒　地下人

　　外に壹軒　潮江村　次郎　ヒニンなり

　外に

一部家巳ニ家類四軒　諸奉公人

一土藏二ヶ所　右同

一部家納家類　貳拾四軒　地下人

一土藏貳ヶ所　右同

一馬　壹疋　燒死

一死人□□人等無之

一一　東海道地震の形況　安政元年十一月

東海道地震

江戸大名小路兩三軒崩町並者無事に御座候夫より小田原宿まて無事なれ共少々宛者有之箱根兩本陣に町並に崩れ三島宿明神前より半分燒失半分崩れ沼津宿御城不殘燒失町並半分崩れ伊豆下田不殘流失原宿無事よし原半分燒失半分崩れ殘人數不知岩淵不殘崩れ死人數不知蒲原宿少々殘り死人かす不知府中御城石垣共崩れ町並半分燒失半分崩れ死人千貳百人之書上同國清水湊津浪にて流失鞠子岡部無事金谷半分崩れ日坂無事掛川不殘燒失死人百六拾人書上見附少々崩れ濱松同斷舞坂半分流失荒井同斷白須賀二川吉田城下少々宛之崩れ御油赤坂藤川岡崎城下無事に候併少々宛之損し候處も有之よし

右之通長州樣御家中守田龜太郎殿手控にて書寫し申上候

其外宮宿損候家多分津浪町並迄上り不申候由桑名御城下四日市石藥師庄野同斷少々つゝ損し家御座候津御城下御家中崩れ家多く御座候よし津浪

大門町迄上り候よし
山田市中崩家四百軒餘御座候よし志州鳥羽津浪にゐ町並不殘流失御城は無事に御座候御家中屋敷纔所は不殘流失家中死人八人町家數不知
右之趣實之義驚入申候龜山は尙□十分一損し家も死人も無之大安心仕御推察可被下候
右之段荒增したゝめ申上候以上
霜月廿三日寫取

一二　江戸地震景況　安政二年十月

一於江戸去二日五ッ七分頃大地震御屋敷御殿向御門御長屋御土藏其外餘程相損潰家等も有之御下屋敷御長屋幷御寺院等も餘程相損申候同斷に付同刻ゟ御府內數十ヶ所出火有之度々致地震候に付
若殿樣に者御馬場ゟ御立退被成候處御機嫌御障不被成御屋敷御火難も

御遁相成り申候

一同斷に付ゐ者

御居間向も餘程相損未地震も相止不申候に付ゐ若殿様には五十疊敷ゟ御住居被成追々地震相止候はゝ大御書院御小書院之内に當時御住居被成候

右之通り御知らせ被仰進候

十月

栗林仁三郎

○

十月二日子剋吉原傾城町不殘淺草田町網笠屋茶屋土手下芝居町山之宿聖天町花川戸馬道町既淺草觀音堂塔共燒兩門跡無別條駒形堂邊ゟ諏訪町黑船町茅町川岸ゟ不殘新堀邊迄上野廣小路御橋南詰東川より大門町同朋町

肴店厤利支天横町長者町壹丁目ゟ六丁目新屋敷池ノ端茅町川岸をく不殘
南傳馬町二丁目京橋迄燒材木町迄西は川岸迄御丸ノ內姬路樣御上屋鋪向
屋敷外櫻田忍樣伊藤修理樣横山樣郡山樣南部樣薩摩裝束屋敷若狹樣有馬
樣備後樣丹羽樣大鍋島樣日比谷御門內岡崎樣高須樣遠藤樣但馬樣因州樣
御上屋敷深川森下町六間堀元町濱松町掛川樣不殘中町一ノ鳥居龜山樣榊
原樣永代橋堀田樣其外多分之御屋敷方町家共燒失に付追ゝくわしき儀相
分次第注進奉申上候先あらまし奉申上候鳥越平戶樣は多分御無別條由に
御座候相損潰候儀は相分り兼申候以上

○

御類燒

松平駿河守樣

松平豐後守樣

西御丸下

會津樣

松平下總守樣

榊原式部少輔様
堀田備中守様
內藤駿河守様
戸田竹次郎様
伊東若狹守様
〆火消屋敷
大名小路
因　州　様
遠藤但馬守様
本多中務少輔様
永井遠江守様
林　大　學　様
外櫻田

松　平　玄　蕃　様
內藤紀伊守様
御本丸下
酒井雅樂頭様
森川出羽守様
○根木ゝ近江守様
小笠原佐渡守様
南　部　様
有馬備前守様
龜　井　様
伊　藤　様
柳　澤　様

長州様　　　薩州様 御屋敷 但御裝束屋敷也

〇肥前様

一三　祈禱之事　安政元年九月

頃日異船飄着攝泉之邊事實未辨進退雖穩去

皇居不遠因茲四海無異變醜類速退散天下泰平國家靜寧萬民安穩御祈一

七箇日之間可抽精誠被　仰下候事

九月廿三日

追申到着次第御祈始之事

滿座翌日卷數獻上事

御祈抽丹誠之事雖勿論於今度者來近海事實不容易之間猶以可凝懇祈之

事

一四　時世の演舌書　安政元年冬

嘉永七年冬

ゑへん扨兵書にもム□《ゴザリマス》。先《スレハ》制人《ヲ》後《レハ》制於人《ラル》とは能く言たもので。此度の異船一件は。いつも先《サキ》から仕《シ》掛《カケ》て來《ク》るゆへ。總ての事かいつでも此方《コチラ》の意外《イグワイ》に出《デ》て。どうやらするとあわてさわぎ。大に物を費《ツイヤ》し。後《アト》では餘りやり過《スギ》たと云樣なあんばいになり□。それは〳〵氣の毒な事でム□。これと申も難有い大御世《オホミヨ》に仕なれて。萬事御上の御世話が行屆《ユキトヽキ》過ぎ。下々迄か和平に流てくつたりと。日長な時分の八ツ時過。トロリと眠《ネム》りでも催《モヨウ》ふそうかと云樣な氣分に成て。所謂因循《インジン》苟且《カウシヨ》の弊《ヘイ》に成行《ナリユキ》□《マス》。故の事と思はれ□。昨年以來浦賀長崎の騷動《サウドウ》に付。御上《カミ》は勿論《モチロン》夫々《ソレ〳〵》に御懸りなさる御役人樣方の御心配なことも。唯うから〳〵聞流して。道かさし隔てゝ居れは。唐《カラ》か天竺《テンジク》の話《ハナシ》の樣に播磨灘《ナダ》は内海ぢや。中々大船は通《トウ》られす。此迄《コヽマデ》異人が來る樣に成たら。最早世の末ぢやそんな氣遣《キヅカイ》は今度の今度の其今度。今一つ今度の其今度迄。決《ケツ》して厶らぬこと抔《ナド》と。戯言に言て居ましたが。實に今度は膽玉《キモダマ》がでんぐりかへりました。もう〳〵此から彼の苟安《コウアン》の計策《ケイサク》は。とんと止《ヤ》めねは成ませぬ。去る九月十六日。松平阿波守様淡州より使船を以て。播州明石川口御番所へ申こまれ□《マス》には。紀州沖に當り異船か一艘微渺《カスカ》に見へ□。必す御油斷《ユダン》なされぬ様とのことで△《ゴザリ》ましたそうな。乃《ソコ》で明石より遠見船一艘出されましたところが天氣のあんばいか頓と見へぬ様子にて。何のへんも無く申て歸りました故格別《カクベツ》火急《クワキユウ》に御支度《シタク》もなされなんだところが。十七日晩七ッ時頃《ゴロ》。又候《サムロウ》淡州須本《スモト》仕立にて小船に櫓《ロ》八挺侍《サムラヒ》二三人乗組《ノリクミ》箭を射る如く押切《チシ》て來《キ》て明石侯へ注進には。右異船追々多く。唯今にては慥に三艘相見へ□。其中一艘紀州沖より段々淡州由良沖へ乗込。上《カミ》郡假屋沖にて東へ乗回《ノリマワ》し。兵庫和田崎《ガミサキ》を目《メ》的《アテ》に乗り付る様子に候とのことで厶□。左右《ツウ》すると。何《ナニ》か明石には火急の大騒ぎ。諸有司《ヤクニン》打寄大評定が有たことゝ見へまして。稍久しくしかんと致して居ましたが。其夜四ッ半頃より御本丸にて早鐘早太皷を打出しました。ところが御城下の町人は何にも知らずいつも九月の常月夜。唯ぐう〳〵と寢《ネ》て居ましたが。彼とん〳〵ぐわん〳〵に目を覺し。そりや御城が火事じやと上を下へ。騒《サワ》ぎ出し。町年寄がら提灯片手周章《アワテ》て陣笠を忘れたり。雪駄《セツタ》片足に草履片足。しはがれ聲にて喚き回り。御門々へ詰かけました扨御門の升形へ。大抵人數が揃《ソロヒ》い□と。門扉《トビラ》がひしやり〆《シマ》りました。追々御玄關御臺所へ割《ワリ》付られ海岸《カイガン》御固《オンカタメ》の軍器を持運《モチハコ》ぶ人足を云付られ追々に繰出《クリイダ》し。其夜中に西は明石東は舞子唐崎迄。都《スベ》て九ケ所のちやんと御警固方出來ましたなんと大名はえらい物ではムりませぬか夫から所々への早打第一江戸表への御飛脚とて馬が三疋驅出しました。扨夜も白々と明け□頃《コロ》毎夜大坂の湊橋邊から出て歸ります茶《チヤ》船《ブネ》と。幷に垂水《タルミ》浦邊の漁師共より町會所へ訴へ□には私共堺川沖邊を通り□處が。未た夜も明ぬ水烟《ミスケムリ》の中に。何か眞黑《マツクロ》な小山の樣な物か見へます故。段々漕寄《コギヨ》り覗□れば。いやはや大きな唐人船で。どうか追々東へ行樣子に見へ□。此段一寸《チヨツト》御届申置□。と云捨《ステ》て去《イニ》ましたそうなそこで。明石侯には又一騒ぎ。さように段々東へ行《ユク》と和田が崎《ミサキ》を御固めなされねはならぬそをで。夫から追々繰《クリ》出し惣勢凡そ七百人又和田へ御詰に成ました。扨翌日は十八日兵庫の濱の商人衆が。早朝濱へ潮《シヨ》を戴《イタヽキ》に出ました所が。何やら沖に炭團で築《ツキ》たる山の様な物が出來て居□から進んで見れは矢張《ヤハリ》船なり。唐人船よ皆來《コイ》と追々に群集して見て居る中に段々と近《チカ》ふなり□。ところが其側を東西より通り貫《ヌケ》る小船が。皆其異船に着《ツケ》まして。どうやら人が乘り移る様子故。地方よりも物好な若手等が。小船に取乘り行《イテ》見る處か異人共嬉《ウレ》しそうな顔つきで手招して乘れと云様子なり。乃《ソコ》て追々乘移り□。出て來《ク》る人は皆種《イロ》々の指環《ユビワ》笄《カンサシ》菓子《クワシ》砂糖《サトウ》の類をさしつヽ貰《モラ》ふて來る様子故。初はさし虚氣《ウツキ》味《ミ》惡《ワル》く怖《コワ》々に乘ましたが。欲張《ヨクバツ》た嫗《バヽ》嬶《カヽ》娘《ムスメ》小娘《コドモ》迄が行ましたそをな。其處《ソコ》に一つ感心なことは娘子が行□と異人互《タガヒ》に指《ユビ》ざしして氣のありそをな面色《テモテイ》物を呉《クレ》たがる様にム□そをなが眉毛《マユゲ》のない鐵漿《カネ》付け

た女は手を振て掃《ハラ》ひ除け。決して乗せは仕ませせなんだそうにム□。左《サ》すれ
は異人とてまんざら犬《イヌ》や猿《サル》とは違《チガ》ひます。爪《クワ》田《デン》李《リ》下《カ》の警戒《イマシメ》は辨へたても
□せぬ却て我國にそんな事をとんと構《カマ》わぬ犬や猿の多ひには困《コマ》ります。
即ち田中寸松か店の手代永助と云者。其處《ソコ》へ行會《ユキアワ》せ早々小船に乗ました
とて。松了へ書簡《テガミ》を贈ました。其文中に船の大さ二三千石積位大筒片側に
二十五挺つゝ仕掛乗組凡そ三百人許《バカリ》。帆柱の中程におろしや國と云書付
御座候。上段と思しき所に役人めきたる者五六人打寄。何か帳面の樣成物
幷に唐紙幅《ハヾ》位の繪圖等取出し。地方の樣子を引合せ見候樣子に御座候私
儀は出島砂糖の樣成物少々貰ひ歸り候云々。猶又予《ワタシ》か馴染《ナジミ》の者に。東島村
魚問屋萬三郎と云者がム□。其手船之船頭に勇次郎と云者六人乗組みて
大坂へ魚を積て行ましたが。恰《チヤウ》と其朝其群集の處を通り合せ。同く六人な
がら乗移り委《クワ》しく見物して歸りました。其話と右の永助が書翰と寸分違《チガ》
ひはムります何《せぬカ》と奇なことも在れば在る者ではムりませぬか。扨夫から

異船は追々と東へずつと地方に沿《ソウ》て乗りましたが。尼ケ崎邊より又沖へ出て夫から天保山を目的《メアテ》に乗込む樣子とんと我國の船か通行する船路《フナヂ》を違《タガ》へず。何んても始終測量《ソクリヨウ》して山の高低《カウテイ》海の淺深《センシン》を測りて居るに違いはムせぬ。扨天保山の一里餘《アマリ》手前に碇《イカリ》を卸《ヲロ》し其儘《マヽ》端船《ハシフネ》二雙乗凡そ三十人許安治川三丁目より上陸し卽川口御番所へ何やら願書の樣な物を差出上げたと云事でム□。其十八日の午時《ヒル》すぎのことじやそうにム□。何分慰み半分にぶら／＼して居る樣なれとも其洒落《シヤラク》の早きこと碇を卸すと直《スグ》に何《ナン》の沙汰も無く直樣《スグサマ》上陸した處は餘程氣の利《キヒ》た者てはムませぬか。ぐつ／＼として居たら追々警固の役人か出張して亦昨年の長崎の樣に埒《ラチ》か明《アク》まいと工《タク》んでのことの樣に思はれ□。扨夫から大坂の話てム□。大坂の話既に十七日の日の中から御上には知れて居たことと見へまして。卽ち其夜御城内の鐘太皷を打立。上町《ウエマチ》は餘程の樣子てム□。然し大都會《ダイトクワイ》の事故。場末々にては十八日に異人共が上陸する迄何も知らぬ者が多かつたそうにム□。夫れでも御上へ知れていた證據《ショウコ》には御城代土屋采女正様が同勢四百人許で早速天保山を御固めに成りましたそうにム□。其外両町奉行は勿論諸國御藏屋敷の大騒き。町人共は上を下へと狼狽《ウロタヘ》まして早々諸商賣も、休《ヤス》み皆門口《カドクチ》を〆固《シメカタ》めて早遁《ハヤニゲ》支度するあはてものもムりましたそうで。實に其日は往天保八酉年彼の大鹽入道か亂妨《ランバウ》の節ととんと替りませなんだと云ことでム□。然し有難いことは早速御上より御觸が廻り異國入津のことは少し願の筋有て參しなり。決して周章《シウショウ》するに及ず。市中一同相變らす商賣致し。海陸運送の荷物抔遠慮なく通達致す樣。別して米穀幷に金錢相場決して上《チ》騰《アゲ》致さぬ事と。嚴しく仰出されましたそうにム□。扨夫れに付て思ひ出□れば。今度の大當は天保山てム□。是は彼天保年中の町御奉行新見伊賀守様の御工夫《クフウ》で大坂の川が近年追々塡まり□故其淩《ウ》まつた土砂を此《コヽ》へ置て出來ましたのでム□。此伊賀守様元來醫者の息子で在た處が。發明人でム□故。種々《イロイロ》として御出世なされた人でム□。此度此山が若し無つて御覧じませ。そりや臺場よ築島よと又江戸の品川と同しことて大抵な大物入ではムりませぬ。此が矢張先《レハ》制《ス》人《チ》てム□。そこて近日播州姫路侯よりも同勢千二百人大坂御城固になり□と云ことでム□。何分察し□處が異人の所存は帝都直願の望の樣に思はれ□。然し唯今は帝都普請の最中故決して京へ御遣りなされは致しますまい。下々でどうの樣に評定しても。夫は何も充《アテ》には成りませぬが猶上は何樣に相成□やら。夫れは追々御話し申上□でム《ゴザリ》ませう

大坂でお猿いよ〳〵牙《キバ》を咬《カミ》

沙魚《ハゼ》つりはまあやめなされ與力衆

誰《タレ》がこんなことを言たか埒《ラチ》もない　はヽヽヽ

寝耳　水也　述

一五　紀伊阿波其外への被仰出書　安政元年十一月

紀伊殿領分紀州加田浦邊松平阿波守領分淡路島由良湊幷岩屋邊松平兵部大輔領分播州明石浦邊者大坂湊之要所に付同所最寄要害之場所ゟ臺場等新築防禦筋手厚に世話被有之候樣別紙之通被仰出候間此段爲御心得御兩卿ゟ御達置可申旨年寄共申越候事

十月

紀伊殿家老ゟ

紀伊殿御領分紀州加田浦邊者大坂湊之要所に付兼而被仰立も有之候通右最寄要害之場所ゟ臺場等御新築防禦筋之義今一際手厚に御世話有之候樣可被成松平阿波守領分淡路由良湊幷岩屋邊松平兵部大輔領分播州明石浦邊も同樣之場所に付臺場等取建防禦筋之儀厚く被　仰出候事に候右之趣可被申上候

松平阿波守

其方領分淡路由良湊最寄幷岩屋邊大坂湊之要所に付右最寄要害之場所へ臺場等新築被申付防禦筋之儀厚く手當可被致候紀伊殿領分紀州加田浦邊幷松平兵部大輔領分播州明石浦邊も同樣之場所に付臺場等取建防禦之儀厚く世話被有之候樣被　仰出事に候此段も爲御心得相達候

松平兵部大輔

其方領分播州明石浦邊者大坂湊之要所に付右最前要害之場所へ臺場等新築被申付防禦之儀厚く手當可被致候紀伊殿領分紀州加田浦邊松平阿波守領分淡路島由良湊幷岩屋邊も同樣之場所に付臺場等取健防禦筋之儀世話厚く可有之候樣被　仰出候事に候此段爲御心得相達候

松平伯耆守

其方領分近海ニ夷國船渡來萬々一不容易形勢にも至り候節者自然京都へも相響候儀に付牧野豊後守と申談自領他領之無差別相互に援兵をも差出防禦筋嚴重に行屆候樣兼而手筈申合可被置候尤京極備中守ニ援兵之義相達候間被得其意申談警衛向手厚に可被心掛候

牧野備前守

同文言

松平伯耆守申談

松平伯耆守牧野豊前守領分近海ニ異船到來萬々一不容易形勢にも至り候節者自然京都へも相響候儀に付自領他領之無差別相互に援兵をも差出防禦筋嚴重に可取計旨相達候間兼而手筈申合置時宜に寄何れ成共其方ゟ援

京極備中守

兵差出警衞向厚く行屆候樣可被致候

青山下野守

異國船渡來之節京都七口之御固被　仰付候稻葉長門守本多隱岐守永井遠江守儀と被　仰付候間申合可被勤候時宜に寄候ては相互に援兵をも差出御警衞向厚く可被心掛候委細之儀者所司代へ可被承合候尤京都火消之儀者唯今迄之通可被心得候

稻葉長門守

異國船渡來之節京都七口之御固被　仰付靑山下野守本多隱岐守永井遠江守儀も被　仰付候間申合可被勤候時宜に寄候而は相互に援兵をも差出御警衞向厚く可被心掛候委細之儀者所司代江可被承合候尤京都火消之儀者唯今迄之通可被心得候

本多隱岐守

異國船渡來之節京都七口之御固被　仰付候青山下野守稻葉長門守永井遠江守儀も被　仰付候間申合可被勤候時宜に寄候而は相互に援兵をも差出御警衛向厚く可被心掛候委細之儀者所司代ゟ可被承合候尤京都火消之義者是迄之通可被心得候

永井遠江守

異國船渡來之節京都七口の御固被　仰付候青山下野守稻葉長門守本多隱岐守儀も被　仰付候間申合可被勤候時宜に寄候而は相互に援兵をも差出御警衛向厚く可被心掛候委細之儀者所司代ゟ可被承合候尤京都火消之儀者是迄之通可被心得候

酒井修理大夫

近來夷國船度々渡來に付京都表御警衛向之儀彌御大切に被思召候依之其
方儀京都御警衛被　仰付候松平時之助も被　仰付候間諸事可被申合候井
伊掃部頭ゟも申談御警衛之儀厚く可被心掛候

松平時之助

近來異國船度々渡來に付京都表御警衛向之儀彌御大切被　思召候依之其
方義京都御警警被　仰付候酒井修理大夫も被　仰付候間諸事申合可被候
井伊掃部頭ゟも申談御警衛向之儀厚く可被心掛候

別段達

酒井修理大夫

此度京都御警衛被　仰付候に付ては向後松平時之助と相手代りに被　仰
付候依之當番年には二番手迄も京都ゟ差出置非番之節も平常相應之人數

差出可被置候近來異國船度々渡來に付於　御所向も深く　御心配被爲在候に付御警衛向之儀其方幷松平時之助へ被　仰付候事に候間非常之節人數操出方等兼ゐ手筈申合置　御安心被遊候樣可被取計候追ゐ陣屋地可被下候委細之儀者所司代ゟ可被承合候尤時之助未幼年に付追ゐ御暇被下候迄者家老名代にゐ相勤候樣被　仰付候間可被得其意候御警衛向之儀に付見込之趣も有之候はゝ可被申聞候

松平時之助

今度京都御警衛被　仰付候に付ゐは向後酒井修理太夫と相手代り被　仰付候依之當番年には二番手迄も京地差出置非番之節も平常相應之人數差出可被置候近來異國船度々渡來に付於　御所向も深く　御心配被爲在候に付御警衛向之儀酒井修理大夫幷其方へ被　仰付候事に候間非常之節人數操出方等兼ゐ手筈申合置　御安心被遊候樣可被取計候追ゐ陣屋地

可被下候委細之儀者所司代ゟ可被承合尤其方儀未幼年に付追而御暇被下候迄者家老名代にて相勤候樣可被致候御警衞向之儀に付見込之趣も有之候はゝ可被申聞候

井伊掃部頭

今度京都御警衞向之儀酒井修理大夫松平時之助被　仰付候間得其意可被申談候近來異國船度々渡來方今之時勢

叡慮不被爲安　上にも深く御心配被遊候に付追々御世話も有之候事に候御守護筋之儀猶此上一際手厚に被心掛平常二番手位迄は京地ゟ差出置御守護向彌嚴重に行届

叡慮被爲安　上にも御安心被遊候樣可被取計候依之追而陣屋地をも可被下候委細之儀者所司代ゟ可被承合候御守護筋に付見込之趣も有之候はゝ可被申聞候

一六　江戸状及東海道宿々地震報知　安政元年十一月

安政元

寅十一月七日出江戸書狀寫

當月四日朝辰剋ゟ江戸表も大地震に付所々御屋鋪方者不及申別ゟ御本丸所に大損し町々之土藏古家等大損し乍併當店者左程之儀も無之御安心可被成候然る處地震最中にゐ當地淺草猿若町壹丁目ゟ出火致し折節西北風殊之外強く夫々燒出し同所二丁目三丁目山之宿迄燒出し北馬屋町へ燒拔西者同町壹丁目半餘り東者大川端迄不殘燒失夫ゟ川向ニ出火致し小梅村幷水戸殿下屋敷不殘致燒失候併同所町も三四町餘にゐ相鎭り申候淺草も凡町數十二三丁餘も燒失凡家數三千軒計と申事に御座候觀音寺は極近火に候得共漸相殘候尤東橋にゐ燒留翌六日曉寅上剋火鎭り申候且又地震之儀者未た時々震候に付實に不安心に存候何分に

も此上大變之事無御座候樣奉祈候

十一月七日　　　　江　戸　某

尙々唯今手紙認居候處遠州掛川太田攝津守樣急飛脚着候而承り候處掛川城内も誠に大變之事之由咄し有之候左候得は遠州三州兩國共同樣之事に候御地者如何に御座候哉御伺申上候

○

寅十一月七日朝辰剋

東海道筋地震

一小田原宿

人家少々損候左程顚家人等無之趣

一箱根宿

人家七八軒計土藏少く損し

一三島宿

人家者不殘潰れ其上出火過半燒失卽死等も多分有之怪我人等數不知候趣

一豆州下田湊

人家不殘打潰れ尤町數十八町計有之半分餘も津波にゐ海へ持出候趣追々申參候

一沼津宿

人家不殘潰れ其上水野出羽守御城內不殘大損其上出火之趣怪我人卽死數不知由追々申參候

一駿府宿

原宿　吉原宿　蒲原宿　由井宿　興津宿　江尻宿

右何れも人家潰等有之由左程怪我人無之趣

御城內大損人家共不殘出火致し輕家人者數不知候趣申參候

丸子　岡部　兩宿

人家少々潰れ候趣土藏者不殘震落候旨

一藤枝宿

御城內平に打潰れ其上出火にゐ過半燒失卽死幷怪我人者相分り不

申趣誠に大變之事に御座候

右其先々の所唯今迄聢と不相分候得共不取敢申上候

一甲府表

右大地震に付人家不殘潰れ御城內大損し

其餘信州路之儀者地震致候趣承り候得共申參候無之相分り次第早々

可申上候

一掛川宿

人家不殘燒失致し御城內大火怪家人卽死人數不知趣

一袋井宿
人家不殘燒失卽死怪家人多分有之中々筆記には不成申候由
見附宿
人家不殘打潰れ怪家人等多分之由未た日々地震三ヶ度計震申候由

一七 地震に付松浦竹四郎よりの來翰 安政元年十一月

松浦竹四郎ゟ勢州足代權太夫江 安政元十一四
昨四日下田表大地震大津波丸潰れ仕候人死六百餘人神の助にて私は死を逃れ申候異國船半潰れに相成申候恐惶謹言
五日朝
皆々樣へよろしく奉願候
松浦竹四郎
足代先生

尚々御地如何御座候哉御聞せ奉願上候愈御安泰珍重御儀奉賀候然者拙子無異罷在候乍恐御放念可被下候扨當月四日朝五つ貳分五厘計りの頃當下田湊大地震にㇶ土藏等壁落土地少々割申候所ゟ泥を吹出し市中大騒動仕候處一剋計りも過候間に大勢又々騒き立候間出火と存し表ぃ出申候處烟も不見候間是は定ㇶ異人共亂妨仕候事と存候故我等も内へ脇差を取に入候處早や市中に大浪參り申候大工町川岸に大船の帆柱動搖つ山際に登り旅宿本覺寺ぃ行んと存候に早市中一面波にㇶ中々渡り難く候間早々萬仙寺と申寺之山ぃ登り見候處早一の瀬は其節引去り申候故其波の中を渡り候て逃去候市中并諸役人等も皆々山ぃ登り申候然るに亦烟草一二服計りも呑み候間に二つ潮來り候哉何れも大周章騒き上申候大工町の邊に烟立上り出火々々とさわき立寺の鐘を撞きかけ河治川邊に亦々出火之由にㇶ燃立候間二の潮柿崎濱ぃつきかけ浪除土手を越して下田湊ぃ參り其浪にて二ヶ所の出火は委く消散九百軒の人家一

時に將棊倒しに相成申候て青梅原相成候八百石以上之船十四五艘程下田町を相越岡田村本郷村の畑中又村中に上り其時異國船者君の浦と申所に繋き有之候處纜切れて尤走島の上の方鷗島の下の方に漂ひ來り候處早屋三段に掛けし檣一段と相成り大ゆれとなりて流れ來りしか其二の潮引につけて元の邊りへ立戻り扨しはし有之候ゆ三の潮柿先は突かけ候處此潮にて百餘軒の柿崎村一時に碎け皆流れ亦其邊りに繋きし大船共十七八艘此船は七八石より千石以上に御座候村中に打上り碎け流れたり其潮下田の方は回り來りたれ共最早一軒の家も無之青海原事故其潮本郷中村岡方村の邊一面にさし込にて山際まて打掛けたり扨其時異國船七八分傾き損し候ゆ鷗島の方に來るや最早大半破れ候樣に相成候間親を失ひ子を失ふ人民も一時に大歡聲にてシタリヤ〳〵と憂苦之中に歡ひ山の上畑の中にて大聲を揚けて悅ひたり此時大變にて失ひし面色を改め拳を握りてツキタヲセ〳〵と皆一同に勇み立申候其聲しはしやまざりけり扨其

二の潮三の潮にて子を抱て逃る女や親を負て山に登るも皆水の底にしつみ或は樹木の梢に躋登り又流れ行くや根の棟に乗てさけふ聲實に目も當られぬ有樣なり然共其中にも異船欲覆ときは其者共シタリヤ〳〵と喜ひけり四の潮五の汐も最早道々干方にも成時節に付追々輕く相成候故又流るゝ家も無故に大に靜り候に村山の上に逃上りたものも皆九ツ時頃に下りて下るなり扨川路樣松本樣等皆々本覺寺山の上陣取馬印幕を押立候間其中に籠りたまひ彼所《カナタ》此所《コナタ》に流るゝ伊丹樽の鏡を拔て飲み又井戸は皆々埋もれ川水は一滴も無之樣に成其邊り皆々滄海と相成候間飲水と言ものは更に無之我等共儀は渇候得共酒を飲み畑に出て大根引て喰ひ飲食少しもなく實に地獄我鬼修羅の有樣一時に來り候計り之次第に御座候又其中に諸役人樣御旅宿の其騒きを見掛て盗人に入候輩も有之候實に我等か筆狀に盡さるへき事無御座候僅一二時計りの間に千軒の下田湊百五十軒有之岡田村漸殘る處は坂下町と申は十八軒有

之候處御座候其餘山の際に立候寺は半潰れ位に相成候其寺々御止宿に相成り候伊澤美作守樣宿寺も皆流れ書籍類多分失られ申候由御座候都築樣御旅宿皆流れ荷物無之候村垣樣御旅宿長樂寺垂尾少のいたみ應接場福泉寺流れ申候筒井樣御旅宿海禪寺皆流れ川路樣御旅宿泰平寺皆流れ松本樣御旅宿本覺寺皆流れ其外魯西亞人休息所皆流れ小普請所半流れ黑川樣新宅御役所皆流れ同心屋敷十一軒新宅皆流れ魯西亞人小休息所萬仙寺半流れ其外御勘定衆御徒士目付御普請役衆は皆町宿に御座候間着のまゝにて外出され候計の事に御座候猶靑山樣用人筒井樣六尺日下部樣家來其外諸役人衆家來多く溺死有之候又日本人三人之內男二人異國人船ハツテイラ一艘柿先濱に打上七八人乘居候も餘程いたみ有之或は外二艘程碎け申候右五六人の夷人は翌五日の晝頃迄柿崎邊之畑に大根を喰て居申候五日漸々送り届けに相成申候亦楫は折れて柿先濱に打上船底の敷板碎けて妻ノ濱と申處打上當時五六十人計りつゝ日に上

陸仕候事致し居申候又異船に水入候由にて日々水車貳挺つゝに而水か
へ居申候右水車少し油斷致し候直に貳尺計水深成候由船中必死働き居
申候我等は泥中ゟ俵を引上け玄米を鍋の破れにて煎て喰居申候井戸は
埋れ是をかへ候ても汐入候て少しも飲め不申候渇候時頻に酒を飲申候
其夜三度計り地震　得共さしたる事無御座候五日又九ッ頃大津浪來
候由誰言となく風聞致候我等本覺寺本郷村江引移り止宿仕候處夕六ッ
半頃又津浪來り申候下田岡方村江上り候得共最早流るゝ人家無故にさ
してさはき不申候此潮凡十町計上の方迄來り申候六日今日諸役人樣方
惣寄合にて村垣與三郞樣夕七ッ時頃より和本村迄出立に相成候江戸へ
御越に相成候今日ホーチヤチン。ホスセツト。リソシケ等上陸仕候中村爲
彌横田新之丞永村六郞應接有之候異國船大破に相成引取兼候に付乘船
作事之儀願出候七日ホーチヤテンホスセツトリソシテ等長樂寺江上陸
中村横田永村應接有之候今朝ゟ魯西亞人共鼻黑辨天に大砲不殘上け申

候而追々普請に相懸り申候右に付下田湊にて出來兼候に付兵庫遠江濱松兩所之内拜借仕度由願出申候由に御座候八日又中村横田永村等長樂寺ゟ出て船よりも上陸仕り應接有之候左之通り持上り申候阿部侯ゟ寫眞鏡道具式エレキテル道具一式八疊敷の靼通。花毛氈一枚猩々緋一反紫ギヤマン花生一對虫目鏡枕時計筒井樣大鏡高さ一丈巾四尺本國燒花生一對白銀の太刀一振遠目鏡紺羅紗一反川路樣大鏡如前一白銅の茶ひん高サ三尺計稀代の物渾天儀琉金《全カ》地球の器黒羅紗一反松本樣川路樣同樣伊澤樣紺羅紗ヲーゴール都築樣紺羅紗ヲールゴウル其外古賀村垣黒川等ゟも進上有之略す此方より被下物は未遣に相成不申候得共何れ近々御遣に相成候被下物アヒル百羽素麵五箱いも十三貫目一俵ねき二俵大根五百本にんじん五百本玉子千其外米穀も餘程薪水は不及申被下に相成同日川路樣ゟ猿一疋重組壹荷被下に相成さま〳〵夷人の御機嫌を御取被成實に長大息之至に御座候扨又今日應接有之處船中最早飲食無之

三日の貯え漸々の事之由に御座候ホーチャチンモ蒸餅を喰て茶を飲候
計の由に御座候實に轍底之至り之由願出然るに彼等は誰か内通致し候
者有之候哉近頃又志州鳥羽湊拜借願出度由又々申出候實に獅子身中の
虫の多き世の中に御座候同十一日異人四人御小人目付山田八郎御普請
役萩野才助下田同心服部建藏等同道にて網代より熱海邊を巡見に行れ
申候此網代湊宜敷候はゝ此處にて作事に相成候由に御座候十二日櫛崎
村玉泉寺にて筒井河路兩奉行御目付衆應接に相成同日玉子干素麵向々
被下に相成候如此異人に諂候世之有樣天神地祇も惡み給ふ事は歎息の
外御座なく候乍併霜月八日には終に異船一艘貳百尋も有之候海底に沈
沒致候由慥成儀に御座候扨々近頃愉快此上なく歡喜雀躍不堪荒々申上
候早々謹言

臘月七日

松　浦　弘
百拜

足代大八

玉案下

猶以下田湊流失の分は百十六軒同平潰二十五軒同水かぶり十八軒同死人八十四人岡方村十一軒柿崎村七十二軒本郷村二十七軒中村十二軒其外家樣人數小普請方日雇の者船頭船方凡六七十人大船凡三十五艘に御座候其餘松崎村不殘に流れ申候何歟書記し度義澤山に御座候得共犢鼻褌も無之次第に御座候間猶後便可申上候例之亂書御推察奉希上候恐惶謹言

一八　魯西亞之來翰及同回答國書　嘉永六年八月

大君皇帝《カサール》。首。仁幸來俄羅斯統興《ソウコウ》主宰之上宰《レイクスカン》相子也利羅能　文

遞寳《サシアクル》

大日本貴御老中。

能一本作穩
文字一本无

感一作成

大君皇帝俄羅斯統輿之主宰。遠視《ハルカ》
貴國當日物情《ヤウス》日思兩大國疆域相錯之重事《タイセツ》。遂起善意。乃選御前大臣俄羅斯水師將軍布恬廷《ボウチヤチン》永平。奉施全權遣使前往大
貴國志之一者。乃詳細誠《コトカセテ》列當日一世《セカイ》之衆變貴國之情形如何《イリワケ》。為以至露懷
貴國命運所感《ジセツトウライ》之心是也。再者。乃〔提適〕題起兩件事。以使兩國屬人皆《トモニ》得進其益以斷決《ハツキリトワケ》兩國來日相磨《スレアイ》相疑之處。卽以至于相和平和之誠實也。首件事。
大皇帝所愿《ヒ》行《ナサント》者。乃分明邊界之地。北事既知《ノコラス》當日物情。及視圖注兩國衆海。有何無所籌《ツクリヤウ》之圖。便〔不可再日久推延之。是以〕
大皇帝以為緊要。今卽起《ハシメ》事。相會商議。方定決《セントス》貴國屬之海島。何當算北方末尾之界矣。本國所屬之海島。亦何為南方末尾《マリ》之界矣。以外《コノホカ》愿《チヨヒ》兩相說明からふと之南岸如何也。
大皇帝既主俄羅斯。自古以來未有之國。大廣如此。自然無需要得何新地。然而不堪失屬人之眞利。因靈明思之。明定兩國疆界者乃為相和平安之本也。第二件事。

大皇帝誠所二願行一者。乃准《サンコト》本國屬人無レ得《サマタゲルコト》來二到貴國海口一相二換貨物一交上易。臨《スルヲ》時本國

兵船渡レ海往二カンサヌカ及北アメリカ地一者。有二緊急事一須下到二貴國海口一以備上所レ需《イリヤウ》

亦禁下傲《マカセ》二其意《ユクテ》一之上也。無レ疑。

貴國必明二此願一者。絶無レ犯二

貴國之眞利一也。於《ト》 於與通

貴國以交界之故。彼是相交。自然之理義。有下大而越二過他各遠國之理上。亦可レ明レ之矣。

此皆該御前大臣水師將軍布恬廷所二奉レ命詳細傳《スルコト》一明之貴御老中。遂越《コヽニ》可見本國

意願者。絶無レ所レ不レ符二校與正理一矣。此事皆該將軍所《ナリ》二欽奉全權。尊二照細訓一勅令丙會二

貴國大憲一相與議論而尊二照上命一立乙定約會章程《テ》甲矣。總而言之。遣レ使朝二

大日本國

大主一之定向《シニイ》者。一則。乃開二發本國一意二想天下當日物情一察《テ》二如何一。二則解二明分一疆界緊

要之事。三則。開二啓兩國屬人互相有益有實之交一以致二兩大國於至善至寧之地位一

也無レ疑明欽差有二大重事御前大臣水師將軍布恬廷上

貴國必待厚《ク》照禮秩與其高位矣亦無疑
貴國
大主之智賢宰相諸老皆留心察本國所題之事皆《ノコラス》事及該欽差大臣所命謹列之
解《ワケ》語《アキ》卽行勉力安備相互有益事之始終矣
書在御都さんへてりぶりけ八月二十三日一千八百十二年
大君皇帝俄羅斯統與主宰卽位以後二十七年
本文下書　國宰相國公子也利《チツセルロード》羅徳印

○

大俄羅斯國御前大臣欽奉全權使東海水師將軍布恬廷爲
照會事謹傳本國首宰相國公子也利羅德所書之俄羅斯又加阿蘭陀之語遞至
大日本國
貴御老中以易通明本大臣遂照副本加唐語以遞之自是國公子也利羅徳之文

貴老中必可見本大臣來此有大重事以緊急之良分明兩國疆界之事也此事也
者必宣貴御老中會于本大臣兩相議論之盖　貴國必不堪使本大臣一人去檀
定兩國之疆矣議論此大事之人遂時必宣遞摺至貴御老中遂因以卽得依儀之
勅必宣居在御老中所在之處江戸可辨十日以內之事長崎必需數月之久矣是
以懇乞貴御老中無遲使本大臣帶緊要之人至江戸無遲起事以論之往江戸如
何本大臣遂遵照貴御老中之意若海路走本大臣遂有四艘若貴御老中不依之
本大臣遂候准走旱陸因尊聽信爲此照會順候
近祉須至照會者也

右照會

大日本國御老中

一千八百五十三年九月九日

癸丑年八月十九日

本文下書

御前大臣布恬廷

㊞

○同回答國書

伏接來札知

貴國御前大臣布恬廷所啣命航來親遞而其書實係上宰相子也利羅德公見贈

焉閱書中所陣述云

貴國

大君主思我兩國邊疆之交錯欲加釐正備悉意旨又云

貴國既據古來未曾有廣大之邦土無要別得新地持盈保滿之通良宜爾且我邦

與

貴國各土其土民其民無事相安原靡開釁之端乃今般使節之擧其出好意而不

出惡意亦爲彰明較著不容疑者

貴國既以好意來我邦何得不似好意相報邪第邊土之經界

貴國以爲甚不明晰則諸飭邊藩細加査覈而差大吏與
貴國官人會同商議以歸劃一然邊藩之査覈必按圖籍確有憑據愼重從事不許
絲毫疎謬是固非今日所能辨也若夫貿易來往之事則祖宗道法有厲禁歷世所
遵奉弗失故曩者
貴國嘗有開市之請而我邦業已固辭愈其顚末公等所克悉也但現今宇內形勢
變遷貿易之風駸々日長誠不能取古例律今事頃者合衆國人亦來乞市日後列
國之乞市者必接踵而至夫列國乞市之繁如此乃是我盡一國之力應承星羅碁
布之萬國其力之給未可知也且如我境內邦土之貢斂其多寡精粗亦豈旦夕可
辨之事邪矧我
君主新嗣位百度維新如斯等重大事項必奏之京師諭告之列侯郡官協同商議
議定而后從事顧勢不獲弗三五年之時月雖差似延緩　公等且從吾言坦懷以
俟焉迨議論一定諸事整頓之後使當登時報聞也況我國之於
貴國壤界相接宜加鄭重故特遣重臣二員於長崎會晤布恬廷以盡其曲折而其

他所宜布報者亦皆俾之面悉幸有以諒之不宜
大俄羅斯國上宰相子也利羅徳公閣下

大日本國老中

阿部伊勢守正弘
牧野備前守忠雅
松平和泉守乘全
松平伊賀守忠優
久世大和守廣周
内藤紀伊守信親

嘉永六年癸丑十月十五日

十月晦正使二員　西城留守筒井肥前守某（班大目付三千石高）　勘定奉行川路左衛門尉聖謨
鑒察一員　荒尾土佐守某　儒者一員　古賀謹一郎（増布衣二百俵高）
發江戸或云此書以復月十一日遞發

一九　或僧歎願書　安政二年正月

毀銷鐘鑄造炮之事

安政元年十二月廿二日　宣旨

夫外冠　消息　宣下

上卿權大納言實萬

辨

不可存異議者　奉

藏人頭左中辨藤原光愛

○

或僧欵狀

感激《スルノ》於國恩《ニ》之徒。謹獻《テ》書《テ》哀訴《シテ》爲《メニ》國家《ノ》

陳利害書

安政二年正月某日。某等北面再拜。誠恐誠惶頓首言。竊聞近歳洋夷渡來。屢窺邊
海事情難測
宸襟憂念。將令諸國寺院毀銷梵鐘以鑄造炮銃以備海防之用伏惟。夷虜猖獗無
禮。淩蔑皇國々家之患。無甚于此者勿論士庶在緇流僧侶。猶且無不爲之扼腕切
齒者。且夫僧侶雖世外自古職在祈禳妖氣護衞國家當修其法之所護。盡其力之
所及。以答國家若梵鐘則雖寺院不可欠之物苟爲國家有所用。則豈有所顧惜乎。
然而某等有竊惑者也。何則諸執事所籌畫於時勢之宜謀之已熟慮之固詳宜無
所不盡焉。唯其寺院之事。有大不與俗家同者○諸執事或未盡其詳者。蓋寺院雖屬
僧侶實非僧侶之有。闔寺一切法器鐘聲皆是檀越之所寄與。檀越之所護持非住
侶所得而恣也。故鑄一鐘造一器。歸依之檀越貴賤甲乙。總爲天下安全報國恩之
厚或爲其祖先。懷追孝之志。或爲愛兒。祈冥後之福不顧其身之凍餓賣衣減食
或不難辛苦奔走於遠近以請衆人之力。以助其鑄造雖一器一鐘皆是千心萬魂

之所寄也。而今將毀銷之。假令現住僧侶盡力極口以諭告之。賊陋之性。頑愚之民。不能知國家之深慮何如。唯固信從前僧侶之所說。以鑄鐘爲大功德。顧念精神之所注。當痛恨悲惜不翅。恨現住僧侶而已。亦將移恨于外矣。陋愚之難諭。或將言國家銅鑛甚多。肆上所需亦不少。求之何有。而獨取我儕盡心力之物。以造殺人之凶器。使我祖先之志願廢滅。人心有所不服。而强諭之。則恐將致騷擾也。若昔年黨人起於參河可以見矣。蓋人心所皈信。有不可如何者。是以自古聖主明公。因佛教以爲懷柔人心之助。豐臣氏造大伽藍。鑄大梵鐘。無不出于此矣。在　當今最用心于此。營築諸國寺院。不惜材用。所以鼓舞人心。而懷柔之。無不至也。竊謂懷柔人心者。在今日最不可忽者。而毀鐘之事。恐非懷柔人心之助也。且夫寺院之設雖遍于天下。而宏壯富有者寡。而肅舜窮之者。十之八九。未必寺々院々具梵鐘。雖盡數而取之於國家。未足以爲大益也。而名乃爲毀天下之梵鐘。則其名甚大。而其所得甚少。所得少則不足以助國用。其名大則足以驚愕人也。況乎。賤陋頑愚者多。而智識聽明者少。以賤陋頑愚之民。聞驚愕人之事。以不服之心。懷痛恨悲惜之情。而相唱誘則騷擾之所由而生。是某等所以爲疑惑者也。方今仁聖在上。群賢森列。於此等事豈有不知之理乎。唯其憂國之急切。將以疾癘深患使兆民長樂太平不遑顧此也。然人心民情之所關。不可爲小事以遺棄也。伏願明德深仁政化。明若日月。恩如雨露。察某等之誠衷。憫兆庶之哀嘆。及明

詔未布。辱賜高裁。請換梵鐘以他物。且梵鐘有刻列聖之尊號及國家安全字。毀銷之。亦似爲不祥。寺院之諸器不必用銅器者。則改以陶器木器而換之。使子院聚而致之於本寺。應梵鐘之量以獻之。則不至毀梵鐘。而有梵鐘之銅。不至驚愕人民。助鑄炮之用矣。如此則不獨諸國之僧侶。感荷仁恩。四海之兆庶。亦將作舞驩呼也。凡在天下之僧侶。勿論何宗派。無不浴于國恩者。孰亦不以護國爲任哉。然而我宗則於國家。得恩遇最深。自本寺暨末寺子院之僧侶。日夜感激。皆以國家之憂喜。爲己之憂喜。無不思所以報答者。苟有於國家不便者。不可不敢言也。伏冀垂憐鑒察。瀆冒威尊。皇懼無已。某等誠恐誠惶頓首再拜謹言

安政二年正月

原朱書
借公純卿走筆

同二月」

二〇 伊勢へ勅使宣命 安政二年二月

天皇我詔旨止掛畏岐伊勢乃渡會乃五十鈴乃河上乃下津磐根爾大宮柱廣敷
立高天原爾千木高知氏稱辭定留
天照坐皇太神乃廣前爾恐美恐美毛申賜者久止申
皇太神乃厚 御恩爾因底食國乃天下無事久無故久安賜比治賜比志爾頃年夷
船渡來此乃神國乎汚辱古止毛有倍久止者也恐理給比患倍給比志爾不量毛去年乃四
月爾祝融爲崇氏 內裏炎燒奴引底及民屋利又六月爾畿內乃國地震氏不輕
其秋又夷船攝津國乃海岸爾來利着奴止禮不日毛飛帆氏伊豆乃下田爾向止聞
食須間爾十一月上旬爾畿內與利東西南海乃諸道乃國々浦々地儀又震比津浪
擊揚氏或者城郭顚倒禮或者民舍毀壞氏公民乎損害奴爾後又烈風揚浪氏彼

夷船毛沈沒止聞食須是
皇太神乃廣前厚護奈利止悅比畏利給布曾毛曾毛加久災變乃重氏來古止者朕加
薄德爾依氏志加殊爾御世々々平經氏未來夷乃屢來古止者若久者覬覦乃志毛有良牟
加止寢氏毛寤氏毛深久恐理深久愼美給布
神奈加良毛此狀平聞食相宇豆奈比給比相扶給比天縱來奈利災奈利止毛未萠爾撲滅
志給古止者偏爾
皇太神乃御助爾可有止奈牟故是以氏吉日良辰平擇定氏王官位姓名中臣官位
姓名等平差遣氏忌部位姓名加弱肩爾太繦取懸氏禮代乃御弊爾金銀乃御幣
御鏡等平相副氏持齊者利令捧持氏奉出給布掛畏岐
皇太神此狀平平久安久聞食氏
天皇我朝廷平寶位無動久常盤堅盤爾夜守日守爾護幸給比底國家安穩爾萬民
娛樂爾恤助給倍止恐美恐美申賜者久止申

安政二年二月

右廿三日巳刻發遣

上卿右大臣忠煕公　専同九月例幣

王使　侍從資訓朝臣

一社奉幣　中臣、祭主數忠卿

齊ア、眞繼

二一　吾妻妖談略婦美の寫　安政三年八月

秘説　吾妻妖談略婦美の寫　全

一安政三年辰八月二十五日夜五ッ時辰巳風はけしく先日本はし南方品川宿は大半損し南品川不殘獵師町出水にて津浪如く不殘流さる〳〵沖にて在る大船五十艘ほと行方不知御臺場は所々損し夫ゟ高輪邊は不申及三田邊田町邊大きに損し夫ゟ芝浦ぃ打上る金杉橋邊は打網海手不殘大船十艘ほと打上る出火場所は片門前一丁目ゟ神明町片た側にて燒止る

大久保樣森樣新錢座大損し大小船數不知打上る御濱御殿築地海邊大損し西本願寺本堂は打つふれ寺中大半損し表門前ゟ大船打上る鐵砲洲邊不殘佃島大きに損し靈かん島邊永代橋大船當り中程ゟくつれ往來止り此船帆柱は田安樣御門前へ打上る御長屋くつれ其邊は茶船十艘程打上る夫ゟ深川海邊津浪にて大損し假宅遊女屋丸くつれ洲崎邊木場不殘又御船屋貳ヶ所損し其外本所邊出水にて大損し亦々此方神田邊不殘馬喰町兩國邊淺草御藏前觀音樣御とう無滯御山內は不殘損し矢大臣門外松田屋と申遊女屋くつれ花川戶山谷邊芝居町三座とも大損し千住邊不殘亦西ノ方丸の內諸家樣方一圓打つふれ下谷邊のこらす（マ）、は一圓白山邊坂本邊吉原境內より本鄉邊大損し其外山手不殘右市中一圓に大損し

二二　見聞記　安政四年

見聞記

安政四丁巳亞夷登城に付水府老侯常磐井殿へ文通之寫

此度夷情切迫之義に付存寄申上候次第

乍恐以書付言上仕候昨年中亞墨利加之「コモトール」と申者豆州下田湊に來航之節コンシユルと申者連參候に付此方官吏相斷候へ共不聞入留置歸帆仕候故無據下田内柿崎玉泉寺と申處に右之者差置候處其節ゟ度々官吏と及應接或者劔を拔て奉行を嚇し或は通詞之佩刀を踏み抔其外種々驕傲無禮之言を吐是非江戸へ參り將軍に對面致度由申張如何樣致理會候へ共不相用不許に於ては直に兵端をも可開體を示し此方を劫候故官吏者致恐怖此節に至而彌其望に任せ江戸へ引入登城可爲致由評議決着之處右者誠に不容易之義故大名中も有志之族者異儀有之由承り申候一體西洋諸蠻之吾國を窺候者數十年前よりの事に而近比に始り候事には無之候へ共亞墨利加之吾國へ望を掛候者近年阿蘭陀言上書より始而相見既に弘化年中「ボストン」亞米利加三十一洲之內人浦賀へ來航交易相願候抔を始と

し其後嘉永丑年に至り不意に江戸近海に乘入天下大に騷動し遂に其書翰を栗濱にゐ受取候始末國體を汚候事を有志之士皆々致切齒候處其翌年又々内海へ乘入此度者遂に横濱之應接に相成吾國開闢以來未曾有之大耻辱を受候次第に御座候此兩年之事にゐ夷狄吾國之衰へたる事を推察し打繼き魯西亞暎咭唎等諸夷長崎へ入り大坂へ下り箱館へ入り津々浦々測量上陸等亂妨狼籍之次第に御座候一昨年は件之「コモトール」下田へ參り候節沿海之地測量致度義を願出し未挨拶も無之内に出帆東北諸國之沿岸を不殘測量此度に至り竟に江戸へ入候樣に相成候事之始末を相考候に最初者書翰を渡し候而已にゐ次に兩國和好取極互市場相開き其次に沿海之測量を願出此度江戸へ押入候事皆彼深謀遠慮にゐ此等之事を不殘一度に掛合候ゐは承知不致手切に相成一國必死に相成候半と察し段々と淺ゟ深きに至り遂に其大に欲する處を遂むと存候心術明々瞭々に御座候都ゐ西洋夷之氣質事を氣長く謀り火急にして事もし破り

敵人遂に怠り我を取るを忘る樣に仕掛常々此を以て世界中之諸國を呑併し來候事將吾國一國之事而已には無之候先つ第一和義を結ひ交易を始め其内自國之利潤を得遂に釁端を求め其國を覆す其計策誠に惡むへき之至に御座候然るに今幕府之諸役人皆和義を主とし候次第は一に天下之安逸に狃れ苦勞を厭ひ自分の役目を大切に致し無難に取計長く利祿を保ち候事を謀り一は近頃流行仕候蘭學者と申者大體皆無識之徒に而彼かする處に目暗心醉遂に彼は至而よき國我は至而愚なる國の樣に心得二百年來國を鎖し外夷之通路を絕候事抔誠に固陋之至に而公平之道に非す彼か和を求るは全く公平の道にて必しも人國を奪むとの意には無之候と申說起り諸役人共是に惑ひ自身難なく役目を永保ち度心と符合致し遂に戰に成り候事者戲にも不言只和義而已致主張今日之次第に至り候事に御座候併是は全く庸俗之見なる者にて古今之形勢此役之情態を洞見し候人物ゟ見候へは其利害判然たる事に御座候昔ゟケ樣な

る事數多有之其時之役人者皆々和義を主とし國を誤候も其主意者大抵是を以て一時之危難を救ひ時を待より外に計策なし戰を説候者之論を粗暴にして事を破ると申國を大切に致候心得にも可有之候得共畢竟庸人之見にて人情者安逸を賴み勞苦を厭ふ者萬人之同する處にて一旦落付候得者假令國之辱にても國之讐にても遂に其儘に成行國次第に衰微し滅亡に至る事自然之勢に御座候又諸役人共之恐るゝ事は彼は大國我は小國彼は戰爭になれ我は太平久しく武備を廢し彼は財用に富み我は國用窮乏等之事に候へ共是等は憂るに足らさる事に御座候國之强弱は必しも大國小國には不拘當時暎咭唎の如き我國にも及はさる小國に有之候處海上には敵なしと申程の强盛に有之印度之蒙臥兒《モンコル》抔も世界中之大國帶甲百萬と申國に候得共遂に暎咭唎の爲に蠶食せられ滅亡に及ひ滿洲の如き大國も又彼の爲に敗衂をとる是等を以て見候へは國の强弱は政事次第にて大小には不拘且又古來風俗之强弱にも拘り可申と存候

一體吾國古來之風氣勇猛果敢なるにて萬國畏れ候事外國の書にも相見
申候當時武を廢とは申候へ共夫は畢竟以前太平を致すが爲態々人氣も
不得止屈し候事にて古來之風氣全く消失候と申には無之廟堂之議論さ
へ一決致し候はゝ皆々奮發し古來勇悍之氣に立歸り身命を抛ち御國恩
を奉報候事無疑義前書にも申上候通り
皇神の深き御思召にて吾國古來武を貴ひ忠義を專らにする風俗實に他
邦には無之事に御座候當時人心之怠り居候事決て御憂に相成間敷奉存
候且又當時財用不足と申事は畢竟諸役人共未た太平之酔醒めぬ故に太
平之儀式をも是迄之通に行ひ戰も出來候樣用意致せと申候樣なる事に
而是迄さへ不足之處又々新に武を張候樣相成候而は別て究迫と相成候
事必定に御座候唯今之勢にて如何程生民之膏血を絞り手段を盡候而も
唯人心を失ひ候而已にて是にて富强に成り候と申事決して有間敷奉存
候右等之處を申譯とし當時夷狄と和を結ひ候事情を推考候に畢竟不好

戰利祿を全し無事に事濟候を幸とし候心底より起り候事無疑候一人一家之爲には可宜候へ共天下國家には大害を殘し必す前古之覆轍通に相成可申實に深憂之至に御座候唯今役人共唯事を生し候を恐れ候而已にて大勢の機會と申事を不知唯今は危き故彼と和を結ひ其内武備を立可申と存候へ共天下之大勢と申者は左様成物に無之已に前件にも申上候通り和義一度定候得は彼は益其策を施すことを得吾億萬之衆皆和に安し落付候得は最早以前之激候勢は消失辱をも仇をも不顧様に相成候事必然に御座候機會之來間不容髪と申候豊臣秀吉か濃州に在なから賤ケ嶽之戰を聞き卽時に馬を出し柴田勝家を敗り候如く暫時之際にて大功を顯し候事も其機會を失ひ候得者返て難事と相成出來候事も不成事故英雄豪傑之士は必申様成處へ心付候へ共庸俗之目には見え不申候丑寅兩年抔之時に當り秀吉如き者其位に居り候者必其機會を失はす一擧して大憂を除き候事必然と奉存候就ては此度夷情之事に付京師へ申上又

三家等へも觸有之趣書付見受申候乍憚其藩者泰より夷狄之事を憂ひ罷在且　朝廷を尊ひ奉り候事は兼々心掛居候故此度之儀に付而は甚心配仕候樣子に有之最早內々國中內意も仕居候趣他之大名中も餘程者不服之者も有之諸役人共是にも甚差支進退成兼候樣子に承り申候誠に危急存亡之秋とは申なから又　皇國復興之時合にも可有之奉存候愚昧之賤臣なから右之危急を坐視し機合を失候事誠に無念之至り仰き願くは此機合に乘し早速　御決斷被遊右之義不相成樣嚴重關東へ被仰遣仕度候者必某藩之如き大小名力を得心を合せ數十年來之大憂を除き候事必す是より始り候半と奉存候扨當時　京師御警衞向不行届之儀御配慮被遊候趣に下々に而も沙汰仕候誠に恐入候御事に候得共萬一非常之節者某藩の如きは兼々心掛けも御座候故遠地たり共早速驅登り御警衞爲仕候心得に御座候近國大名之內にも有志之心掛御座候者數多御座候樣にも承り及候間強而當時御手薄之義御憂慮被遊間敷奉存候唯々天下古今之

形勢を御洞察被遊今日彌和義定り暫時太平相繼候者必す　御國之御大憂と被思召御英斷被遊候方可然奉存候假令萬一御主意に不被爲叶候共此度之事を誤候者全く幕府之諸役人共之所爲にて　朝廷にては決して其思召に無之と申候得者天下有志之大小名始め一同憤發致し恢復仕候期も可有之左無ては　皇國之辱を萬國に晒也　國體も不相立候樣に相成其上天下後世よりは當時幕府之諸役人之罪者誠に數るに暇あらす朝廷も亦無之と見へ如此之大變にあたり遂に一言も無之と傍觀せられ候と被申事實に殘念千萬に奉存候當今天下有志之士大抵右之大意に有之號泣于旻天と申志なきには無之候得共地に偏り國に閉られ誰有て控告する者なき次第に御座候某身不肖たり共今日にては天下有志之人之代りにも相成候心得にて言上仕候心得に御座候宜御英察被下候樣奉願候以上

忠能云　朝廷此處肝要之文不可忘也

右政通公へ齊昭卿ゟ四年冬來文也此寫林津田の如き手に入速達江戶之處

諸大名へ蠻夷之事京家へ直談之大名も有之由慥に聞候心得違之義於此度不被憚其人自來必可爲禁止觸示有之よし風聞あり又阿州ゟ政通公へ内啓の文も同樣是は寫を直に自閣老爲見及尋糺由也

二三　江戸より來翰の寫

江戸來翰寫

先便御咄中候トウンセント、ハルリス、去月廿六日には備中守樣御宅ㇸ被出應接願筋申立其後日々於御城而大評定御座候處未御返答被遣候樣には難相成蕃書調候處逗留に有之遊歩仕候樣被聞候得共事たる用向相濟候而遊歩可致とて相動き不申候いつ迄御返答相待旨申出返答を待候而餘り退屈に御座候樣に候哉一番町之馬場に行時々乘馬致す樣子に御座候此比御老中方退城は八ッ半時ゟ七ッ或は七ッ半時に及候事も御座候願立之委曲は何分唯今御返答書に相及候樣には難相成候書翰にハルリス口上之趣内密

相寫御達し申候御内覽可被下候重大之事件は惣てハルリス胸中に有之趣に御座候巴津《ハルリス》滯留際限無之限りは明春に可相成歟に奉存候

來翰極内密封書

扨巴津《ハルリス》願之趣極々内密昨今に至り探り當り候儀は江戸拜禮に參り度且品川内海へ船を寄せ品物數多交易江戸の内にて一ヶ所屋敷被下候而數人相詰度申の由右一件御聞濟不被下候時は軍艦差向て勝負之上にて取計申候旨申述に御座候右御返答廿七日ゟ今日迄大評定御座候へ共片付不申と承り申候如何相成候哉尚此餘之願は細少之事と承候別て申上候不日英夷より使節可參軍艦三十艘參の趣不容易之儀に申候近便に委細に承合御咄し可申上候且又書翰中之文意彼ゟ取極御座候は如何譯やらん相分り不申尙事々御咄可申候以上

十一月十一日

或書翰の寫

アメリカ箇條の中拙者翻譯中にイキリス唐國合戰相止み次第五六十艘之軍艦を仕立日本を一時にせめ候樣子申出此儀公儀にも御心配之樣子且イキリス之存心は江戸ニ商館を立亞片烟草うり廣度樣子に御座候此をいやと申せはをいろふと申立候いつれ日本も合衆國之建中に相成候樣子相見候合衆國も極下官に相成候哉とあんしられ候外色々御座候

右如此御座候早々以上

和蘭人五月之船に持渡り候書物の中に下田應接之事を翻譯いたし候書物御座候色々日本之穴を申立候書物に御座候此節拙者和解いたし候

此度之使官

アメリカ人之和歌

天かけてかるほるにやと見し空《雲カ》の小春にかすむ武藏野の月

騎馬の乗方色々候へ共本は第一に馬の金くつ相用候
此節は諸大名方もかなくつを馬にはかせ候樣に相成候

二四　武家傳奏へ所司代より進達書　安政四年十一月

安政四丁巳年十一月武傳廣橋光成東坊城聰長〻自所司代相達
今般長崎表阿蘭陀通商御仕法替相成向後長崎幷箱館兩所におゐて交易
御差許有之魯西亞も同樣之振合に相成候右に付ゐは外條約相濟候國々
も追々右之御所置可相成旨被　仰出候右之趣被入　叡聞候樣年寄共ゟ
申越候事
　十一月

二五　江戸より來翰の寫　安政四年十一月十九日

安政四巳十一月十九日江戸仕立書狀寫

一筆啓上仕候向寒之砌益御勇健被成御座奉賀候然は私儀去月十七日夜無滯歸府仕候間乍憚御安意思召可被下候云々

一九月廿二日御地出立宇治泊翌日奈良泊夫ゟ郡山順路大和路夫々參詣見物仕初瀨越伊賀路は安を越にて伊勢路へ出廿九日山田ニ着晦日朔日無滯參　宮二タ見等へ參り候へ共霜枯之時節故さひしく夫ゟ歸路四日市ゟ乘舟仕風順宜半日計りにて宮へ着之處追々天氣都合宜道早敢取駿府に至候而は淺間ニ參詣久能山へも相廻り拜禮三保明神參詣松原を越海邊ゟ船に乘り一里餘り之海上相渡り淸見寺下ニ着致し同寺ニ上り庭坐敷向も一見之處風景宜敷又三島宿へ至りては明神へ參詣致候處震災にて皆潰れ取掛石居殘り居漸二王門殘り居候へ共是も今一風にて倒る計に相成居申候誠に勿體なき事なから眼も當られぬ有様にて門前には再建之寄進札掛け並へ有之是は夥敷事に御座候去九日亞人同宿泊にて參詣之處右之次第にて彼國之銀六枚可奉納之由（凡貳兩貳歩餘りに相成候由）

私儀も聊寄進いたし申候十三日箱根越湯本泊にて數日之草臥を退んと數度溫泉へ入申候藤澤宿ゟ江ノ島回り鎌倉泊り翌日は金澤泊り程ケ谷泊りにて歸府之積に付早朝出立仕候へ共短日故漸七ッ半比品川を越八ッ山下に至り夫ゟ船に乘り新出來之御臺場近く一見永代ゟ汐合宜く御厩河岸迄乘付け候處早初夜過と相成夫ゟ歸宅仕候先々十分には無之候得共七八分位は見物仕候積廿六日之道中一日ならては雨にも逢不申無事に歸府難有事に御座候歸府後早速夫々御禮狀も差出度と心得候得共數日之勞れに候哉何も手に付不申其上來人等日々有之一日〳〵と延日仕御無沙汰に相成候段御仁免々々

一歸府後廿四日之夜四ッ半時隣町三間町續福內町ゟ出火眞の風下たにて火の子はら〳〵あひ不殘相片付大騷き仕候小半町きわ迄にて九半比鎭火歸府早々驚かされ又々御地床しく相成申候

一亞人十四日江戸着はや御承知に可有之蕃書調所也廿一日登城無滯相濟申候其前十八日比

に堀田殿へ參り申候又廿六日にも參候由歸候期も不相分長逗留之儀に御座候とんた御工合に而日々之如く九段上三番町馬場に而晝後はせめ馬いたし居申候よし

一國書和解も出來觸に相成候に付御地へ相廻り御入手之事と存候へ共寫置候に付別紙御廻し申上候彌交易も相開け候事に相成時勢之變革無是非御所置と被察候事に御座候

一御役人も兎角不穩相聞申候松平河内守元御勘定奉行今御家老岡田備後守元吟味役今小普請奉行去十五日嚴命之由病氣に付御役御免之儀早々相願可申旨に而翌十六日朝進達相成候由昨日龜有筋御成にて御免無之と相見大かた今日は御免之上追而御宅に而尻り出可申と專ら風聞夫に付同類右以下にも多人數有之由にも相聞申候詰る處は福山君へ尻りの出そふな事に相聞一昨十七日ゟ遠藤但州御引き是も同物先は早々申上度如斯御座候恐惶謹言

十一月十九日

飯泉喜内

飯田左馬様

二六　米國使節へ大目付土岐丹波守上使手續　安政四年十月

巳十月十五日亞墨利加使節ニ大目付土岐丹波守

上使御勤手續

大目附上使手續書

十五日御使者可罷出旨御書付御渡

一當日例刻平服にて登城御同朋頭を以罷出居候様申上於新番所溜亞米利加使節到着に付御使可相勤旨備中守殿被仰渡之

一御品者御登城前於新部屋下通り見分仕置可申候

一被仰渡濟候て御賄頭ゟ差添御徒目附ニ御品御渡箱釣臺にて右之方へ持出直に平川口通蕃書調所旅宿へ持出開門にて玄關へ上け差添御徒目付

ゟ奉行支配組頭ㇾ相渡組頭取扱上使之間上之方正面ㇾ差置

一被仰渡相濟熨斗目麻上下着替唯今御使罷越候間案内可指遣旨當番御目附ㇾ申遣御小人目付を以旅宿ㇾ申達

一右按内之義幷御品ㇾ附添之御徒目付且持人御門斷等之義者兼而御目付へ申達可申候

一掛り役々者熨斗目麻上下着用旅宿へ罷越し右使節と面會相控罷在可申候

一平川口御門通退出雉子橋御門通蕃書調所旅宿ㇾ罷越表門にて下乘敷出し迄草履

一玄關上に下田奉行支配向之内壹人罷出居上使之刀取之上使之間次之間に控居退散之節最初之處にて渡之

一掛り役之者玄關式臺ㇾ出向着座罷在平伏上使罷通り跡ゟ罷越上使相勤候節者一同次之間へ列座退散之節先達罷在如最初式臺迄送り平伏

一支配向御目見以上者敷出しゟ出迎御目見以下之分者白洲ゟ罷出上使罷
通り候節一同平伏支配向之分者一同前後共此所に罷在

一下田奉行は式臺正面ゟ出迎居先立案内致し使節は玄關迄鏡板正面ゟ出
迎居一揖致し且又下田奉行之譯に付先立致し上使之間敷居外にて兩人
控居上使者上使之間ゟ通り御品有之向も右之方へ御用掛り罷在而下田
奉行使節を召連罷出

通辯官通詞は出迎無之次之間邊に控居此時間内へ入都合見計可罷在
候退散之節も次之間邊へ退居送りも無之

一此時上意申達

遠鏡使節として被相越太義に思召候到着に付御使を以御檜重一組被
送之

一右之趣使節ゟ向申述候得者通辯有之使節御品へ拜致し下り候此上使も
少々下り候而使節對立之時自分挨拶申述

初而面會致し候彌御無異一段之事に候
右通辯有之使節ゟ相當之答申聞是又通辯相濟候時下田奉行使節御請可
申上
十月十五日
御使　土岐丹波守
亞墨利加使節江
御檜
右昨日到着に付被遣之
御檜重四重物　一組
內
紅白筋有平　千袋
（翁草）

吉野山落雁　三輪の里
紅あん

粕庭羅巻　春
求肥ゐめ
紅茶巾餅　黄菊まんちう

紅縁取蒲鉾　花くわゐ
鯛切身
玉子焼　すくひはす

あなこ　銀杏　午房
煎玉子抜　木くらけ
しやもなんばん羮　こんにやく

亞人獻上物

一銘酒　一壺
一鳥獸之繪本　二册
一硝子火爐　一
一桃砂糖漬　一壺
一鰯　油漬　一壺
一望遠鏡　一

二七　所司代より傳奏へ進達書　安政四年十二月

従諸司代傳奏衆へ指出候書取

亞墨利加國より差越候書翰幷使節申立之趣不容易事柄に付厚く御勘考被爲　在交易之儀者　御聞届有之ミニストル差置候頃合住居之場所右に付而之規則等者猶及掛合候積且港之儀も下田を閉代港を開候儀御差許相成候場所之儀者猶談判之上取極候筈御治定相成候猶委細之儀者追

而申越候へ共先此段不取敢被入　叡聞候様御兩卿ゟ御達可申旨年寄共

ゟ申越候事

十二月十三日

去月廿一日亞墨利加使節登城御目見無滯相濟其節差出候書翰之和解一

册幷使節之口上趣和解一册被入　叡聞候様御兩卿ゟ御達可申旨私在府

中年寄共申聞候尤御返答之義者御治定之上尙又可申述旨是又申聞候爲

御心得御達申候事

十一月

奉帋　亞墨利加國ゟ差上候書翰和解

表帋　亞墨利加使節拜禮之節口上之趣和解

同十二月御達

航海術御開相成候に付ゆは航海暦無之ゆは差支候處是迄年々和蘭より御取寄相成候ゆ英吉利王府を以起算之地と相定編立候ものにて乘除之手數相掛候而已ならす英暦を御用相成候ゆは如何に付御國においては京都を起算之地と相定新規航海暦編立被　仰付候尤右は常例之頒暦とは譯柄も違ひ候へ共新規之義に候間一應御達可申置旨年寄共より申越候事

十二月十三日

二八　外船措置に付武家傳奏披露　安政四年十二月

安政四　十二　十九武傳披露

外國御所置之儀に付ゆは追々申越候趣も有之候へ共今般亞墨利加使節申立之趣不容易事柄も有之是迄追ゆ御所置之品委細之事情書状にゆは難相盡儀も可有御座と　叡慮之程深く御心配被遊今度亞墨利加使節申

立之趣御所置振を始追々之事情委細林大學頭御目付津田半三郎ゟ被仰合當地ゟ被差登候間右之趣其筋ゟ申入候模樣次第何方へ成共私同道罷出候歟又は私御役宅ゟ御兩卿御招申候歟何れ成共都合宜場所にゐ大學頭半三郎ゟ委敷申上候樣被遊度猶御不審之儀者幾應も御尋有之事情能々御分り相成候樣被遊度被思召候依之大學頭半三郎去る十一日御暇被下早々罷登候間前以其筋ゟ及示談都合宜樣取計候樣年寄共より申越候事

十二月

二九　書翰寫　三通　安政四年十二月

或書翰之寫

此頃道路之說に江戶表は大騷きにて當十一日之御目付幷林家等上京右者異船之事に付將軍家御書持參右之面々傳奏ゟ直談との說に候へ共京

都公邊にゟは何之噂も無之候に付內々證文方懇意之仁に尋候得共來春
御目付津田半三郞殿林大學頭殿上京尤　御用之程は難計候へ共異船之
事にゟも可有之哉之見込と被申居候
一先月者先年ゟ江戶公事に相成有之候上加茂貴船出入　公方樣御直聞有
之四代樣以來無之事との噂にゟ御座候先は右等大略申述度如是御座候
以上

臘月念四

同十二月廿七日

林　大學頭

御目付津田半三郞

右者亞墨利加使節申立之趣御所置振を始追々事情委細被仰含今廿六日
致上京候間此段爲御心得申進候事

十二月廿七日

同十二月廿八日　殿下へ兩傳より

一林大學頭津田半三郎上京爲心得自所司代申越し候一帋入御覽候兩人行向于所司代役宅被申合條々可承申候哉日限來廿九日附武士召連行向度候事

亞墨利加使節被及應接候趣且右に付使節差出候書付和解追々申立之趣不容易事共に付厚く御勘考被爲在候處近來世界之形勢一變致し唐土之昔戰國之世七雄四方に立分れ候姿にて御當國に於ても已に外國と條約御取結御交通被爲在候上者古來之御制度に而已被爲泥候ては御國勢御挽回期無之日夜　御心を被爲惱候御儀に有之併非常之功者非常之時に無之ては難成中興之御大業を被爲立御國威御更張之機會も亦此時に有之候間御大變革被爲在度　思召候へ共當時御國內人心之居合方も有之人心不居合節者內外何樣之禍端を引出可申も難計候間先使節申立之趣追々應接之上可相

成丈け被取縮め候筈には候へ共爲御心得御兩卿へ御達可申旨年寄共ゟ申越候事

十二月廿八日

十二月廿九日今日傳奏諸司代亭へ被行向林津田面會從大樹夷族之事言上之由也

安政五年戊午正月達之寫

外國御取扱方之儀に付　叡慮爲御伺備中守儀御使被　仰付近々上京之筈に候間其段御兩卿へ御達可申旨年寄共ゟ申越候事

正月

亞墨利加使節申立趣も有之一體之事情等委細入　叡聞候樣舊臘林大學頭

津田半三郎上京致し候處猶追々申立之義も有之外國御取扱方等御變革被爲在候付而は列侯諸藩に至る迄人心居合候樣被遊度付右御所置振等爲御伺　叡慮御使備中守被　仰付候間急速關東發足可致候處當年頭御使高家京着頃合二月七日八日比に無之候而は御差支も有之候由に候處右體御差急之御用柄にも有之候間其已前備中守上京致し候而も御差支有之間敷哉御兩卿ニ否及御尋早々申越候樣にと年寄共ゟ申越候事

正月

三〇　二月二日已後の記事　四項

二月二日ゟ六日迄五ヶ日　仁孝帝御十三回聖忌懺法講

二月五日備中守京着旅宿寺町能寺本即日兩役衆行向

同月十一日両役又行向　同月十三日又行向

就老中上京

黄金鳳置物　一筥　尺餘之伽羅　一筥

判金　五拾枚　兩役一枚つゝ拜受之よし也

以上獻金

太閤ㇸ銀百枚

准后ㇸ

綸子　判金　廿枚　殿下ㇸ　銀　百枚

兩傳ㇸ銀五十枚ッ、　議卿ㇸ

傳奏廣橋東坊　議奏久德萬坊裏

三一　關東へ可被申入御主意書　安政四年十二月

安政四年十二月　亞墨利加國より差越候書翰幷使節申立之趣不容易事柄に付厚く御勘考被爲在交易之儀は御聞屆有之ミニストル被差置候儀は御國人心之折合方をも勘辨致し被差置候頃合住居之場合右に付ゐ之規則等は猶被及掛合候積且港之儀も下田を閉代港を開候義御差許相成場所之義は猶談判之上被取極候筈御治定候猶委細之義は追ゐ被申越候得共先此段不取敢入　叡聞候樣兩人ゟ可被達老中方被申越候由被示聞則關白殿太閤殿へ申入達

叡聞候不容易之條々被惱　宸襟候前文ミニストル被差置候場所幷代港を被開候場所等之義は未た御治定も無之内之義故先被　仰進候當時之皇居古代とも御相違誠御手薄之御事に候得は甚御不安心　思召候畿内及皇都近國は被相除呉々不拘國體四民樣との叡慮に候此段程能關東ゟ可被申入候事

十二月

三二　老中堀田備中守上使の件　安政五年正月

上使　堀田備中守

此度京都之御使被　仰付早速出立格別物入之段被　聞候別段以

思召金五十兩拜借

一御手本ゟ別段金二千兩拜借

一金二十枚御羽織別段御差添へ御脇差御時服十鞍置馬於御座之間被下候事

御勘定奉行

川路左衛門尉

一金二十枚時服三御羽織被下

大目付

岩瀬肥後守

一金五枚時服二御羽織被下

奥御祐筆

原　彌十郎

一同　斷

一金三枚時服三同　大番格奥祐筆
　立田鍒助

一同二枚時服三同　御勘定組頭
　高橋平次

一同　斷　組頭格御徒士目付
　平山藤三郎

一同　斷　御勘定下役
　友之進

右京都へ之御暇被下拝領物被　仰付候御祐筆部屋におゐて備中守被渡

老中列座

三三　下田奉行井上信濃守達書　安政五年二月

安政五　二

井上信濃守達書

亞墨利加使節病氣御尋之奉書御品之義明廿九日下田表ゟ打附宿次を以差立可申候右宿次到着以前若使節病死致候へは奉書御品とも通辨相渡格別御厚意之事に付本國へ差遣身寄之ものへ相渡候哉政府ゟ差出候其〔共カ〕取計方も可有之候間都合能候哉と申諭懇篤之御取扱有之候段彼國政府へも貫通致可取計旨中村出羽守へ能々申遣候樣可被致候事

三四　米國使節への書翰　安政五年

アメリカ使節へ之書翰

アメリカ合衆國全權

其許下田表ゟ到着以來病氣同篤之內殊に昨今別ゟ相勝不申由奉行ゟ急便を以申越候御配慮も可有之醫師伊藤貫齋差急其地に被遣候條治療十分に有之度依之爲御尋目錄之通被下候猶養生專要に候謹言

安政五年

松平伊賀守花押
久世大和守同
內藤紀伊守同
脇坂中務大輔同

目　錄

一蒔繪提重　一組
一鷄　卵但三百入　一筥

以　上

三五　江戸より來書之寫　安政五年末

江戸表ゟ來書之寫

墨利加一件愈不容易形勢に相運ひ申候舊臘廿九日諸侯伯登城之命有之て墨利加所置振相談有之候處諸家議論少々つゝ異同候へ共皆々各別之正論も無之一同貿易風に靡き候由相見候水府公は川路左衛門尉殿岩瀬肥後守殿罷出し處御承知之通り老公之勇奮果決之御議論にㇵ兩人とも一言も御答出來不申罷歸由一橋公御中人にㇵ先々相止み候由承及候子細は官吏之頭を剣覺悟を極て必戰之御所置有之樣との御劇論にて有之候由併是は彼是申立候も御採用には相成不申樣に存候古來ゟ大器は用を難成と申も如此候哉殘念之次第に御座候其他之諸侯兩三家不心服之義も有之候樣承り跡は皆々夷狄之加勢致候樣之説而已にて恐入候扨始之風説にては京師之正論中之卓然たる事にて林家なと申上にては御評議にも不相成閣老相登り候て　奏聞不申ては容易御評議無之との事にて定ㇵ天下之人心を奮發せしむる號令有之人心を振發せしむる樣に可相成哉と奉存此表有志之面々京師之　拔卓論にて關東之因循苟安之姿を一洗に致し候勢に奮躍仕居

中候處又々近日之説には京師にも格別之正論も無之多分關東之御所置之通りに相成候はヽ六ヶ敷事にも相成不申幕府公ゟは諸侯伯貿易凡一致仕候處を堀田侯上京御奏聞にて人心を定異論無之樣致し候手段と相見へ候樣如何に致し候ても此度之上京不容易義にて天下之形勢に關係いたし候儀と奉存候不安心之義に存候何卒賢兄御地へ御滯寓之事故可相成は御忠慮御周旋にて其御表卓立之御議論に相成夷狄之姦計を摧き度何分ミニストルを京師に差置港を大坂堺等へ相開候義は決て不相成義と存候且勝手交易場所數ヶ所相開候義不相成義と存候此等之義は隨分宜しき所置も可有之義と存候萬古卓立之神州今日に到て勞を摧き夷風に一變致し不遠内には兵亂と相成可申且又日本中も異變可有之只今變之無之内に拒絶被致候へは拒絶致度物に御座候此表政府之勢は全く西洋風に相成妖風に化せられ義を以斷する處は無之岩瀨殿なとは日本樣に御座候處此節は西洋偏好と相成候追々　神州之義氣衰廢仕愈以挽回之勢相見へ不申口先にては

頻りに富國强兵を相唱候へ共約る處は商賣國に致候積りと相見候責ては有志之面々始終之見當を定斷然と異論邪說之大害を打消必死之力を極め國恩を報候樣に致度候賢兄は御自由之御身に候へは何卒十分を御盡し候樣にと奉存候

天下之形勢賢兄御前察之通り相成堀田侯廿一日立にて來月五日其地御着之旨宿割御座候夷人も堀田侯と同日に發足下田へ中歸り仕候何れ御地之云々相決次第又出府と被察候

五星旗

（五項運動）中華民國運動徽章圖案

中《なか》山《やま》忠《ただ》能《やす》履《り》歴《れき》資《し》料《りょう》 一

日本史籍協會叢書 159

昭和 七 年九月二十五日發行
昭和四十八年一月 十 日覆刻

編　者　日本史籍協會
代表者　森谷秀亮
東京都三鷹市大澤二丁目十五番十六號

發行者　財團法人　東京大學出版會
代表者　福武　直
一一三　東京都文京區本郷七丁目三番一號
振替東京五九九六四電話(八一一)八八一四

印刷・株式會社　平　文　社
本文用紙・北越製紙株式會社
クロス・日本クロス工業株式會社
製函・株式會社　光陽紙器製作所
製本・有限會社　新　榮　社

日本史籍協会叢書 159
中山忠能履歴資料 一（オンデマンド版）

Digital Publishing

2015年1月15日 発行

編　者　日本史籍協会
発行所　一般財団法人　東京大学出版会
代表者　渡辺　浩
〒153-0041　東京都目黒区駒場4-5-29
TEL　03-6407-1069　FAX　03-6407-1991
URL　http://www.utp.or.jp

印刷・製本　株式会社 デジタルパブリッシングサービス
TEL　03-5225-6061
URL　http://www.d-pub.co.jp/

AJ058

ISBN978-4-13-009459-7　Printed in Japan